Regulation of Cross-border Flow of

Health and Medical Data in China

# 中国健康医疗数据
## 跨境流动规制

何晶晶　著

法律出版社
LAW PRESS·CHINA
北京

图书在版编目(CIP)数据

中国健康医疗数据跨境流动规制 / 何晶晶著. -- 北京 : 法律出版社, 2023
ISBN 978-7-5197-8559-8

Ⅰ. ①中… Ⅱ. ①何… Ⅲ. ①医学-数据管理-信息法-研究-中国 Ⅳ. ①D922.84

中国国家版本馆 CIP 数据核字(2023)第 218847 号

**中国健康医疗数据跨境流动规制**
**ZHONGGUO JIANKANG YILIAO SHUJU KUAJING LIUDONG GUIZHI**

何晶晶 著

策划编辑 邢艳萍
责任编辑 邢艳萍
装帧设计 李 瞻

**出版发行** 法律出版社
**编辑统筹** 法律应用出版分社
**责任校对** 朱海波
**责任印制** 刘晓伟
**经　　销** 新华书店

**开本** 710 毫米×1000 毫米 1/16
**印张** 12.75　**字数** 220 千
**版本** 2023 年 12 月第 1 版
**印次** 2023 年 12 月第 1 次印刷
**印刷** 北京虎彩文化传播有限公司

地址:北京市丰台区莲花池西里 7 号(100073)
网址:www.lawpress.com.cn
投稿邮箱:info@lawpress.com.cn
举报盗版邮箱:jbwq@lawpress.com.cn

销售电话:010-83938349
客服电话:010-83938350
咨询电话:010-63939796

**书号**:ISBN 978-7-5197-8559-8　**定价**:58.00 元
凡购买本社图书,如有印装错误,我社负责退换。电话:010-83938349

# 目录

# 第一章　引　　论

## 第一节　健康医疗数据跨境场景逐步拓展

随着云计算、大数据、区块链、5G、人工智能等新一代信息通信技术的快速发展，人们的健康需求和医疗服务需求不再局限于本地区域，而是越来越趋向于跨越国界，跨境医疗服务和医疗数据跨境共享成为满足人们需求的必然选择。在中国，医疗大数据产业进入飞速发展时期，中国医疗产业已经沉淀海量的健康医疗数据，包括病患数据、病历信息、医疗保险信息、健康日志、基因遗传、医学实验、临床数据、体外诊断产品及第三方检测数据、健康医疗数据处理者运营数据以及科研数据等多种数据类型。这些数据具有数据量大、来源广泛、存储复杂、实时性强等典型特征。[1] 医疗行业正在经历数字化转型，医疗数据的收集、存储和分析能力有了大幅提升，这为上述健康医疗数据跨境处理提供了技术支持和便利条件。

全球化和数字化推动着健康医疗数据跨境场景逐步拓展，涵盖多个方

---

[1] 何晶晶、张心宇：《中国健康医疗数据跨境流动规制探析》，载《国际法研究》2022 年第 6 期。

面和场景,如跨境医疗会诊、跨境医学研究、国际临床试验、医疗器械和创新药物"出海"等,健康医疗数据价值日益凸显。健康医疗数据跨境场景主要包括以下四种类型:第一是患者出境就诊或远程在线跨境诊疗,医生可以通过跨境共享医疗数据进行病例分享和远程会诊,获得其他国家医生的专业意见和建议,提供更准确的诊断和治疗方案;第二是跨境医学研究,通过国内外高水平的多个医学中心合作研究和跨境数据对比分析,研究某种新临床技术或者新药物的疗效,推动全人类医学的进步并造福于患者,医疗机构、医生和研究人员还可以通过跨境共享医疗数据来开展国际合作与咨询、进行临床试验与研究,共同解决医学难题、研究疾病治疗方案、分享医疗技术和经验,不同国家和地区的医疗数据可以提供更广泛、多样化的样本,有助于增强研究的可靠性和有效性,推动医学科研的进展;第三是国产医疗药品、医疗器械企业到国外上市售卖,医药企业可以通过跨境共享医疗数据进行药物研发和医疗器械的监管与合规,加快新药和新设备的研发进程,提高和增强产品的安全性和效果,比对国内外数据以得到境外上市售卖(如美国FDA,欧洲CE)的许可;第四是国外器械设备在国内健康医疗数据处理者使用过程中涉及的基于设备维护和诊疗数据分析需求的数据出境[1]。此外,跨国医疗服务、跨境健康数据分析与预测、跨境医疗旅游也不断受到各国家或地区的推动与尝试。

尽管健康医疗数据跨境场景逐步拓展,但仍然存在一些阻碍和挑战。由于健康医疗数据涉及大量敏感个人信息,数据处理者必须确保数据在跨境传输和存储过程中的安全性和可控性,但不同国家和地区的数据安全和个人信息保护的法律和隐私标准不一致,对健康医疗数据的收集、使用和共享有不同的法律和法规要求,缺乏统一的国际标准和规范,导致难以建立跨

---

〔1〕 郭美婷等:《医疗数据合规观察:政策趋严成本抬升,医疗数据跨境应走向何方?》,载21世纪经济报道2022年5月5日,https://new.qq.com/rain/a/20220505A0AFCG00。

境数据共享的信任机制,限制了健康医疗数据跨境场景的进一步拓展。在技术互操作性和标准方面,不同国家和地区使用的医疗信息系统和健康数据标准存在明显差异,缺乏互操作性和数据的一致性,使得跨境数据共享和整合变得困难,阻碍了健康医疗数据跨境场景的落地应用。从文化和语言差异的角度来看,不同国家和地区的医疗体系、医疗术语和文化习惯存在差异,这增加了健康医疗数据跨境场景应用的复杂性,需要进行数据的转换和适应,以确保数据的准确性和可理解性。从更深层次的角度来看,健康医疗数据是具有商业价值的资产,涉及多方利益相关者,包括医疗机构、政府、技术供应商和患者本人,跨境共享可能存在市场壁垒和竞争压力,需要建立共识和合作机制,但各方利益相关者缺乏合作和共同的目标,使得健康医疗数据跨境场景拓展和推进面临很大困难。

克服健康医疗数据跨境场景拓展的阻碍和挑战,需要国际社会和各方共同努力,制定一致的隐私和安全标准,推动法律和法规的协调,促进技术的互操作性和标准化,建立跨境数据共享的信任机制,强化国际合作和共识。只有综合考虑隐私保护、安全性、法律合规和技术标准等方面,才能真正实现健康医疗数据的跨境应用和拓展。

## 第二节　健康医疗数据跨境风险逐渐增大

由于健康医疗数据跨境交换和共享规模的扩大、技术的快速发展、法律法规的不一致性、健康医疗数据类型的高敏感性等因素,健康医疗数据跨境在国家安全和公共利益、个人信息权益保护等方面的风险逐渐增大。我国健康医疗数据在国家推荐性标准《信息安全技术　健康医疗数据安全指南》中被定义为个人健康医疗数据以及由个人健康医疗数据加工处理之后得到的健康医疗相关电子数据,既包含病历信息、医疗保险信息、临床数据等与个人身体健康状况和接受医疗服务情况相关的数据,又包含经过对群体健康医疗数据处理后得到的群体总体医疗数据分析结果、趋势预测、疾病防治统计数据等。健康医疗数据安全不仅事关患者生命安全、个人信息安全,也与社会公共利益和国家安全紧密相连[1],其重要性不言而喻。在全球化背景下的健康医疗数据跨境流动中,健康医疗数据往往包含涉及生物安全与基因安全的人口健康类型数据和基因类型数据,其泄露、非法获取、非法利用往往会造成"隐私泄露""基因歧视""生物恐怖攻击"等严重后果[2],危害国家安全和公共利益[3],从而导致健康医疗数据跨境的合规风险进一步提升。此外,不同国家和地区对健康医疗数据的收集、使用和共享有不同的法律和法规要求,跨境数据流动可能涉及不同的法律体系,面临合规风险和法律纠纷的风险,随着跨境数据流动的增加,法律合规风险也相应增大。

健康医疗数据包含大量敏感个人信息,如诊疗过程中的病历信息、不良反应报告信息、临床试验数据等,一旦泄露或者被非法使用,更容易导致自然人的人格尊严受到侵害或者人身、财产安全受到危害[4]。在数据跨境传输和存储过程中,数据可能面临被非法访问、泄露、滥用的风险,不同国家和地区的数据保护法律和安全标准不同,也可能存在安全漏洞和数据泄露的风险,患者相关的个人医疗健康数据一经泄露,负面影响往往难以削减,且缺乏有效的救济渠道[5]。从国家安全角度考虑,群体医疗数据分析结果、趋势预测、疾病防治统计数据等属于国家重要遗传资源和基因数据范畴的健

---

〔1〕 胡瑶琳等:《"健康中国"背景下的健康医疗大数据发展》,载《社会科学家》2022 年第 3 期。

〔2〕 M. Ahteensuu, *Synthetic Biology, Genome Editing, and the Risk of Bioterrorism*, Science and Engineering Ethics 6, 2017, p. 1541 - 1561.

〔3〕 王秉、朱媛媛:《大数据环境下国家生物安全情报工作体系构建》,载《情报杂志》2021 年第 6 期。

〔4〕 张新宝:《从隐私到个人信息:利益再衡量的理论与制度安排》,载《中国法学》2015 年第 3 期。

〔5〕 赵精武:《数据跨境传输中标准化合同的构建基础与监管转型》,载《法律科学(西北政法大学学报)》2022 年第 2 期。

康医疗数据,在跨境流动过程中一旦泄露,则可能产生他国利用出境数据研究基因武器攻击、传播生物疫情、垄断生物品种的风险,威胁生物安全,进而危害国家安全。跨境传输和存储健康医疗数据还面临着数据被恶意攻击、篡改、破坏的风险,网络攻击、数据泄露和黑客入侵等威胁逐渐增加,导致数据跨境安全风险逐步上升。在数据跨境流动过程中,数据处理者难以完全控制数据的流向和使用情况,可能导致数据质量和准确性问题;数据可能经过多个国家和地区的服务器,受到不同国家的监管和审查,可能经过多个环节的转换和处理,存在数据被滥用、篡改或非法使用的风险,随着数据流动的增加,不可控的数据流动风险也逐渐增大。

当前医疗数据出境合规和安全风险日益严峻,但健康医疗数据处理者的数据合规管理能力和保障能力不足,难以把控健康医疗数据跨境面临的风险。首先,国内医疗健康数据处理者的数据合规管理能力不足[1]。在个人信息保护和数据安全方面,国内健康医疗数据处理者的组织架构、安全能力、制度建设大多集中在数据安全管理方面而非数据跨境合规。而对外部活动,在《数据出境安全评估办法》出台后,关于数据跨境方面缺少相应的管理规范以及内部合规建设。其次,国内医疗健康数据处理者的合规保障能力不足。

健康医疗数据跨境风险增大的原因包括数据跨境体量和敏感程度的增加、数据跨境共享的范围扩大、技术的快速发展、法律法规和技术标准的不一致等。降低数据跨境风险,需要制定和遵守数据安全和个人信息保护法律法规、加强数据安全措施、促进技术标准的互操作性、加强跨境数据合作机制等。同时,利益相关方应当共同努力,确保健康医疗数据的合理使用和安全流动。

---

〔1〕 邵华:《论〈个人信息保护法〉视角下医疗卫生机构的数据合规义务》,载《医学与法学》2022年第2期。

## 第三节 健康医疗数据跨境规制需求凸显

随着健康医疗数据跨境规模的扩大和数据流动的增加,对健康医疗数据跨境规制的需求变得越来越凸显,这种规制可以确保数据安全和个人信息保护的要求得到满足,为跨境数据流动提供可持续、安全和负责任的环境。卫生健康行业作为重要的民生领域,事关百姓健康,受到党中央和国务院的高度重视,国家先后出台了《网络安全法》、《数据安全法》、《个人信息保护法》以及《关键信息基础设施安全保护条例》,构建了中国网络和数据安全保护的基本制度框架[1],成为卫生健康行业在网络安全与数据安全领域的重要基础性法律法规,为数字时代的医疗网络安全、数据安全、个人信息权益保护提供基础制度保障,并在部分条款设定数据、个人信息跨境的基本原则和规则,如《个人信息保护法》对个人信息的跨境流动作出相应制度安排,明确了向境外提供个人信息应当具备的条件,规定个人信息处理者向境外提供个人信息时必须履行的告知、安全评估等义务,还要求个人信息处理者未经主管机关批准不得向外国司法或者执法机构提供存储于中国境内的个人信息,这为向境外提供个人信息的情况提供了明确的行为规则。《数据安全法》对重要数据的出境安全管理作了二分法的规范:关键信息基础设施的运营者在中国境内运营中收集和产生的重要数据的出境安全管理,适用《网络安全法》的规定;其他数据处理者在中国境内收集和产生的重要数据的出境安全管理办法,由国家网信部门会同国务院有关部门制定,并且沿袭

[1] 胡仙芝、刘海军:《包容审慎监管:论新基建监管框架构建的过渡性和开放性》,载《管理世界》2022 年第 2 期。

《出口管制法》的立法思路，将属于管制物项的数据纳入出口管制对象[1]。这提示企业，作为关键信息基础设施的运营者应当关注重要数据出境的合规义务，企业还应全面把握重要数据的界定，综合考量包括《数据安全法》《网络安全法》《出口管制法》在内的多项法律法规中有关数据跨境流动的规定。

在数据跨境方面，国家开展了一系列探索，已经初步完成数据出境的制度体系建设。2022年5月，《数据出境安全评估办法》发布并于2022年9月施行，强调数据处理者应规范进行数据出境，符合适用条件的数据处理者进行数据出境活动应有序申报数据出境安全评估；为指导和帮助数据处理者规范、有序申报数据出境安全评估，国家互联网信息办公室发布了《数据出境安全评估的申报指南（第一版）》，对数据出境安全评估的申报方式、申报流程、申报材料等具体要求作出了说明。2023年2月22日，《个人信息出境标准合同办法》发布并于2023年6月施行，强调符合适用条件的个人信息处理者可以通过签订标准合同的方式向境外提供个人信息；2023年5月30日，国家互联网信息办公室发布了《个人信息出境标准合同备案指南（第一版）》，为计划通过与境外接收方订立标准合同的方式向中国境外提供个人信息的企业规范、有序开展备案工作提供了落地指引。

从国际范围内看，不同国家和地区的数据安全和个人信息保护法律法规存在差异，导致数据跨境流动存在合规性问题，某些国家对健康医疗数据的收集、使用和传输有着严格的限制和规定，而其他国家可能对数据的保护程度不够严格，这种法律和规定的碎片化增加了数据交换的复杂性和不确定性。在数字经济快速发展的背景下，世界各国都在加紧构建数据跨境流

---

〔1〕 张继红：《国家安全视域下我国数据安全法的制度构造》，载《西北工业大学学报（社会科学版）》2021年第3期。

动政策制度体系,但在跨境数据流动规则方面仍未达成准确共识[1]。全球主要经济体均谋求在数字经济时代建立新的竞争优势,国际上的主要国家都推出了各自的数字经济发展战略,科技产业和未来产业成为布局重点[2]。跨境数据流动规则也成为新一轮国际经贸规则中的前沿议题,但由于在数据领域未建立信任机制以及为了保持数据跨境方面的竞争优势,国际依然缺少数据跨境流动的规范渠道。另外,文化差异和语言障碍也是健康医疗数据跨境流动面临的挑战。不同国家和地区的文化和法律观念存在差异,导致对数据安全和隐私保护的认知不一致。此外,不同语言的沟通和协调也增加了数据跨境流动的困难。

为了应对这些风险和挑战,健康医疗数据跨境流动需要明确的规制需求。国际社会对于健康医疗数据的跨境流动提出了一系列的要求和标准,以确保数据的安全和隐私保护。在法律方面,一些国家和地区已经颁布了专门的数据保护法律和隐私规定,明确了对健康医疗数据的保护要求和责任。例如,欧盟的《通用数据保护条例》(General Data Protection Regulation, GDPR)和美国的《健康保险携带和责任法案》(Health Insurance Portability and Accountability Act,HIPAA)都对健康医疗数据的跨境流动提供了明确的规定和指导。此外,国际组织和标准化机构也制定了一系列的标准和指南,以规范和引导健康医疗数据的跨境流动。例如,国际标准化组织(ISO)制定了一系列与数据安全和隐私保护相关的标准,如 ISO/IEC 27001 和 ISO/IEC 27701。这些标准提供了一套可操作的框架,帮助组织确保健康医疗数据的安全和合规。除了法律和标准的要求,技术手段也是跨境健康医疗数据流动的重要保障。采用加密技术、访问控制和身份认证等安全措施可以有效

[1] 时业伟:《跨境数据流动中的国际贸易规则:规制、兼容与发展》,载《比较法研究》2020 年第 4 期。

[2] 尹响:《印度数字经济的发展特征、挑战及对我国的启示》,载《南亚研究季刊》2022 年第 2 期。

防止数据的非法访问和泄露。同时,数据脱敏和去标识化等技术方法可以在保护数据隐私的同时实现数据的有效利用。

随着健康医疗数据跨境流动的不断增加,健康医疗数据跨境规制的需求逐渐凸显。为了确保数据的安全和隐私保护,各国政府和国际组织需要加强合作、加强监管和引导,制定相关的法律法规和国际标准,加强技术手段的应用和创新,促进跨境数据的安全合规。同时企业也应积极采取自律和合规措施,确保数据的安全和合法使用。通过政府、企业和国际社会的合作与共同努力,可以建立起健康医疗数据的有效机制体系,实现健康医疗数据的安全跨境流动,推动全球医疗健康事业的发展。

# 第二章　健康医疗数据跨境的重大风险类型

随着互联网、大数据的发展,网络空间主权的概念逐渐被普及。网络空间作为区别于海、陆、空、太空之外的第五空间,其所承载的数据主权概念亦被国际社会所重视,对主权国家维系其权威性和安全性具有重要作用。我国以《网络安全法》维护网络空间主权,以《数据安全法》作为维护数据主权安全依据。

在国际实践中,各国数据主权间的冲突不仅体现在不同司法管辖权上,亦体现在数据权属问题中,而数据权属不清可能导致数据跨国流通下的数据泄露、不同国籍机构间的合作竞争等问题,这些问题会反向加重数据主权间的冲突,甚至可能导致国家数据安全风险。本章旨在讨论在健康医疗数据跨境领域下的重大风险类型。

## 第一节　司法管辖权限挑战

司法管辖权是指国家针对人和事项受理案件、适用法律并作出裁判的权力。各国对数据跨境流动的认识不同，其司法管辖权的辐射度也不尽相同。欧美国家更倾向于“进攻型”的“长臂管辖”，而我国在管辖方面相对更偏向“防守型”。

美国通过其2018年颁布的《澄清境外数据的合法使用法》（以下简称《云法案》）确立了其数据海外管辖权的“控制者”标准。《云法案》第三节规定，由美国数据服务者拥有、监管或控制的数据，无论是否存储在美国境内，美国政府均有权要求数据服务商进行披露。对于成立于外国的企业，只要在经营活动中与美国存在足够的联系，亦可以触发美国法律的管辖权。该标准的确立，是源于美国在数据跨境活动中更加重视数据跨境流动所带来的商业价值；出于最大限度发挥数据的商业效益，美国采取了“双重标准”：一方面，为降低本国数据跨境流动可能导致的国家安全风险，对数据流出行为进行严格限制；另一方面，要求其他国家减少数据传输至美国的限制以促进数据在本国的商业利用。

根据《通用数据保护条例》，欧盟的司法管辖权适用于在欧盟境内设立机构或公司，并处理个人数据；在欧盟境外的公司或组织，但其活动涉及向在欧盟境内居住的个人提供产品或服务，或者监测他们的行为；以及在欧盟境外的公司或组织，但与欧盟成员国的公共权力机构合作，进行数据处理活动。总结而言，即使在欧盟境外的公司或组织，只要其处理欧盟居民的个人数据，就需要遵守欧盟司法管辖权的要求，可见欧盟对个人信息和数据领域的司法管辖权辐射范围之广。

为应对美国、欧盟强势的“长臂”司法管辖，我国通过《国际刑事司法协助法》《数据安全法》《个人信息保护法》强调了属地原则的基本立场，要求未经我国主管机关批准，我国境内的组织、个人不得向外国司法或者执法机构提供存储于我国境内的个人信息及数据，在立法层面上限制域外国家的数据调取在我国的法律效力。

但随着不同国家间数据流转和合作频率的提高,不同数据司法管辖权的冲突需要进一步进行磨合。如何在保障数据司法管辖主权的基础上,促进数据跨境流通是留给国际社会的一个长期性问题。

## 第二节　数据权属不清风险

数据权属在数据跨境活动中的具体表现即为数据主权。数据的可复制性、网络传播特性在跨境流动时可能导致不同国家机构间的违法采集和利用,由此引发数据主权问题。我国国务院在 2022 年 12 月发布的《中共中央、国务院关于构建数据基础制度更好发挥数据要素作用的意见》中强调了构建数据产权制度对促进数据经济、数据安全的重要意义。但在实践中,数据权属并未得到明确规定。一方面,数据权属不清容易导致个人、企业及国家对数据权利的内容和分配规则不清,从而阻碍了数据价值的释放。例如,若没有明确的数据确权,跨境医疗研究场景下涉及数据主体、不同国家的数据处理者之间的权利分配和由此项目数据处理活动产生的利益分配等问题难以得到解答,亦有可能导致下文谈及的国际医疗合作竞争风险,不利于健康医疗数据的跨境流通和国际医疗行业的发展。

## 第三节　国家数据安全风险

健康医疗数据利用与数据跨境流动的常态化趋势凸显了数据价值与数字潜能,同时随着这一常态化趋势的发展,数据安全已成为影响国家安全和发展的重大问题。在美国“棱镜”监控计划被公开之后,各国日益重视数据流动可能引发的国家安全风险，尤其是人口健康类型的数据和基因类型的数据往往涉及生物安全与基因安全，一旦遭到泄露、非法获取、非法利用，会造成“隐私泄露”“基因歧视”“生物恐怖攻击”等严重后果[1]，甚至危害国家安全和社会公共利益[2]。因此为了保护个人、组织和国家的合法权益，健康医疗数据跨境流动应保证“安全”的底线。《数据安全法》强调对关系到国家安全、国民经济命脉、重要民生、重大公共利益等重要数据的保护，加大对违反国家核心数据管理制度行为的处罚力度，对危害国家主权、安全和发展利益的或非法向境外提供重要数据的行为，处以最高1000万元罚款。

此外，随着数据规模的爆炸性增长和信息技术的高速发展，现代社会已经进入大数据时代。在大数据时代，数据资源已经成为一国重要的战略资源，大数据背后的价值越发受到各国重视，与此同时数据霸权趋势也逐渐显现。在健康医疗领域高新科技汇集，一些医疗技术领先的国家凭借其掌握的先进技术在医疗跨境合作、临床科学研究等方面占据主导地位，以医疗机构为例，目前顶尖医疗机构主要集中在美国等发达国家。中国有着全世界最大的患者群体，但部分医学研究和医疗技术相对滞后。一旦这些医疗技术领先的欧美国家利用其技术优势实施数据霸权策略，海量收集我国健康医疗数据，且我国缺乏数据流动的限制条件，则可能会导致健康医疗数据从我国向欧美国家汇集，使我国数据主权遭到侵犯，对国家安全造成威胁。

---

〔1〕 M. Ahteensuu, *Synthetic Biology*, *Genome Editing*, *and the Risk of Bioterrorism*, Science and Engineering Ethics 6, 2017, p. 1541 – 1561.

〔2〕 王秉、朱媛媛：《大数据环境下国家生物安全情报工作体系构建》，载《情报杂志》2021年第6期。

## 第四节 个人隐私泄露风险

健康医疗数据由于其数据的特殊性，成为数据泄露的“重灾区”，存在较大的个人隐私泄露风险。同时，跨境交流的健康医疗数据一经泄露，对该数据主体带来的负面影响往往难以削减，后果严重且缺乏有效的救济渠道。

首先，健康医疗数据不仅包括提供健康医疗服务时登记的个人信息、个人甚至其家人相关的身体健康相关数据、医疗科研相关数据，等等，主要属于《个人信息保护法》所规定的“敏感个人信息”的范畴，一旦被泄露或者非法使用，容易导致自然人的人格尊严受到侵害或者人身、财产安全受到危害。一些高度敏感的数据（如基因数据等）涉及生物安全若遭到泄露或滥用，可能会造成“基因歧视”“生物恐怖攻击”等严重后果，甚至会危害国家安全和公共利益。此外，健康医疗数据因其医疗特性及与个人识别的密切关系，具有较高的数据价值。在高价值的利益诱导下，健康医疗数据不仅可能遭到内部的人为泄露，亦容易受到外部的黑客攻击以获取违法利益，甚至形成了成熟的数据买卖市场。近年来，已出现多起健康医疗数据泄露案件，如2022年4月我国青岛胶州某医院内部员工泄露了6000余名市民的健康医疗信息，造成了恶劣影响。国际上，美国制药公司PharMerica宣布其于2023年3月遭到了黑客攻击，此次数据泄露事件恐波及近600万人的健康医疗数据。在实践中，各医疗机构主体之间可能在对健康医疗数据进行去标识化处理后进行数据共享或公开，但以目前的技术水平，通过批量对比的手段，“去标识化”后的健康医疗数据亦可以被复原，从而导致个人隐私的泄露。

其次，国内医疗健康数据处理者合规保障能力的不足，增加了个人隐私泄露的风险。虽然中国有许多三甲医院获得了网络安全二级或者三级的等级保护资质证明，具有一定的网络安全保障能力，但是在实践中，许多医院科室的医疗科学国际合作研究或者跨境会诊活动往往不会依托其医院管理信息系统（Hospital Information System，HIS），而是通过专门搭建第三方平台的方式开展数据出境活动[1]。在国际医学合作领域较普遍采用"多中心临床研究"的情况下，可存储数据量级较小、难以准确进行图像/影像/视频等数据处理的 HIS 系统难以满足研究需求。因此，在进行医学领域的多中心国际合作时，很多研究团队会委托第三方建设一个在 HIS 系统之外的专门数据库，各业务条线会通过单独与域外合作方共建独立数据库的方式实现数据出境。问题在于，不同于医院 HIS 系统，独立的数据库一般不具备网络安全等级保护资质，这就导致跨境活动中健康医疗数据泄露、滥用等方面的安全合规风险进一步提升。

最后，在跨境流动的场景下，个人主体对其数据的支配力降低，个人行使权利救济的难度却提升，从而增加了隐私泄露的负面影响程度。即使通过《个人信息保护法》对境外数据处理者设置个人信息保护职责，并要求境内个人信息处理者将境外接收方相关情况告知个人信息主体，包括个人向境外接收方行使个人信息主体权利的方式和程序在内的事项。但在实践中，个人信息主体的权利救济之路依然存在一定困难。

## 第五节　遗传学资料流失风险

从人类遗传信息数据跨境场景来看，我国部分数据处理者合规意识淡

---

〔1〕 G. J. Kuperman, R. M. Gardner & T. A. Pryor, *HELP: A Dynamic Hospital Information System*, Springer Science & Business Media, 2013, p. 123.

薄,在数据出境时未形成相应的合规建设,违反《人口健康信息管理办法(试行)》《国家健康医疗大数据标准、安全和服务管理办法(试行)》关于部分类型医疗健康数据本地化的要求,未对各类医疗数据出境的具体场景形成全面的合规规范。

自2015年起,科学技术部官网公布8份违反人类遗传资源管理规定的行政处罚信息。科学技术部发出的首例违反人类遗传资源管理规定的行政处罚为深圳华大基因科技服务有限公司(以下简称华大科技)与牛津大学及多家国内医院开展"中国女性单相抑郁症的大样本病例对照研究"国际科研合作项目,华大科技负责在深圳执行建库、测序和分析,并将部分完成的检验数据交付给项目合作方,其中部分数据属于人类遗传资源信息。科学技术部认为华大科技与华山医院未经许可与英国牛津大学开展中国人类遗传资源国际合作研究,将部分人类遗传资源信息从网上传递出境,决定处罚华大科技立即停止该研究工作的执行,销毁该研究工作中所有未出境的遗传资源材料及相关研究数据,并停止华大科技涉及中国人类遗传资源的国际合作,整改验收合格后,再行开展。[1] 2017年5月至2018年,国家互联网应急中心共发现国内基因数据跨境传输925余包次,涉及境内358万个IP地址,覆盖境内全部31个省(区、市)。该中心还发现4391家境内单位疑似发生了基因数据出境行为,其中,生物技术企业、高等院校和科研院所、医疗机构分别占比72%、19%、9%[2]。《2020年中国互联网网络安全报告》的数据显示,2020年中国未脱敏医学影像数据出境近40万次,占医学影像数据出境总次数的7.9%,包括大量真实的、未经脱敏技术处理的患者个人

---

〔1〕《行政处罚决定书》(国科罚〔2015〕2号),载中华人民共和国科学技术部,https://www.most.gov.cn/xxgk/xinxifenlei/fdzdgknr/xzcf/202302/t20230228_184773.html。

〔2〕《4391家境内单位疑有基因数据出境行为》,载《南方都市报》2018年8月17日,第10版。

信息[1]。

2020 年 2 月，习近平总书记在中央全面深化改革委员会第十二次会议中指出，“要从保护人民健康、保障国家安全、维护国家长治久安的高度，把生物安全纳入国家安全体系……”生物安全是国家安全的重要组成部分，涉及公共卫生安全、农业生物安全、人类遗传资源安全、生物资源安全等多个领域。一旦在这些方面发生大数据的泄露、盗用和滥用等事故，将给国民健康乃至国家安全造成极大的负面影响。《人类遗传资源管理条例》强调合理利用我国人类遗传资源，维护公众健康、国家安全和社会利益，违反规定买卖人类遗传资源的，由国务院科学技术行政部门责令停止违法行为，没收违法采集、保藏的人类遗传资源和违法所得，处 100 万元以上 1000 万元以下罚款，违法所得在 100 万元以上的，处违法所得 5 倍以上 10 倍以下罚款。

## 第六节　国际医疗合作竞争

目前我国总体医疗水平与发达国家相比，仍有一定差距，全球在药物测试、外科手术、病例分析等医疗领域遵循的规范、指南以及循证医学证据几乎全部来自欧美国家。因此我国医疗领域需主动发挥国际交流促进学科建设的正向作用，积极开展国际医疗合作。以中日友好医院为例，中日友好医院在 2006 年派出由胸外科、重症监护科和病理科医护人员组成的临床心肺移植小组赴美国圣路易斯华盛顿大学进行手术培训交流，这对于推动医疗行业高质量发展，深化医疗技术创新驱动有着重大意义。一方面，促进我国胸外科学术水平与世界早日接轨，同时也带动医院相关科室发展。另一方

---

〔1〕《2020 年中国互联网网络安全报告》，载国家计算机网络应急技术处理协调中心，https://www.cert.org.cn/publish/main/46/2021/20210721130944504525772/20210721130944504525772_.html。

面,我国有着全世界最大的患者群体,尤其在一些外科专业,我国有着世界上数量最多的临床病历,积累了丰富的临床经验。这对一些医疗技术领先,但人口基数小,无法积累大量临床病历的国家来说充分具有开展国际医疗合作的驱动力和吸引力。

国际社会上已有一批成立较早的国际医疗合作平台,如美国约翰霍普金斯大学的临床试验和转化医学平台。该平台积极组织和参与疾病治疗指南、临床路径、行业标准的制定,目前已经是国际社会上具有国际竞争力、高效运转、规范化的临床研究中心之一。国际合作是学科建设的重要推动力,我国医疗领域需积极推动健康医疗数据跨境和国际医疗合作,发挥我国健康医疗数据的积极作用和其独有的价值,积极参与此类国际医疗合作,坚持"以我为主,互利共赢;为我所用,支撑创新"的国际医疗合作机制。

# 第三章　健康医疗数据跨境流动的规制理论

## 第一节　健康医疗数据跨境流动规制的概念界定

### 一、数据跨境流动内涵的界定

当前数字化转型加快，与数字经济有关的内容频繁出现在公众视域范围内，数据作为数字化时代的关键性战略资源，在推动数字化时代发展的众多影响因子中处于基础地位。而数据跨境流动更是呈现爆炸式增长态势，数据的跨境流动已经成为无法阻挡的绝对事实。数据跨境流动规制体系构建已经成为数字经济时代下数据主权博弈的主战场，一方面，各国纷纷探索构建数据跨境流动规制体系，以期抢占全球数字治理制高点；另一方面，加快自身国内跨境数据流动治理的研究，以期形成数据主权与数据安全统筹兼顾的高质量发展格局。积极探索构建数据跨境流动规则，提升我国在全球数字治理中的话语权和引导权，是推动我国数字经济高质量发展的关键举措。但对于数据跨境流动的概念界定，国内外实务界和学界尚未形成统一的认识。

就数据跨境流动的概念而言，目前国内外对跨境数据流动并未形成统一明确的定义和界定,但从国内外相关的法律规定来看,对数据跨境流动的范围界定大致分为两种声音,一种认为数据跨境流动仅限于数据跨越边境的传统模式,另一种则认为数据跨境流动不仅包括跨越边境这一种行为类型,还包括数据虽然没有跨越国界,但能被境外第三方主体访问的活动范式。数据跨境流动的概念最早出现在经济合作与发展组织(Organization for Economic Co-operation and Development,OECD)于 1980 年发布的《关于隐私保护与个人数据跨境流动的指南》中,该指南正式提出"个人数据跨境流动"(Trans Border Flows of Personal Data)这一概念,并在第 1 条第 3 款中将其界定为个人资料跨越国界的流动,即为点到点的跨越国家、政治疆界的数字化数据传递。但对于何谓"跨境流动"、数据传输的方式、约束主体等问题,OECD 均未给出明确标准。澳大利亚法律改革委员会(Australian Law Reform Commission,ALRC)则认为,即使数据存储在澳大利亚境内,但境外第三方依然可以登录并访问,那么应受到相应的规制,即对数据跨境流动的范围界定不以数据是否跨越边境为标准,而是以境外第三方主体是否能够访问数据为标准进行界定的。国内学者采用不同方法论对数据跨境流动的概念进行界定,有的学者通过运用比较分析法,以涵盖的对象作为切入点,将数据跨境流动与电子商务、数字贸易进行对比,指出跨境数据流动是指在本地获取的数据跨越国境进行流动,可以是基于交易的流动,也可以是不基于交易的流动(如企业集团内部信息的共享),包括公共数据、个人数据和其他数据的流动。[1] 有的学者则运用规范分析法,分析现有数据跨境流动的规则,通过数据跨境流动在我国相关法律文件中的表述,认为"数据跨境流动"方式可以理解为"内容 + 行为"模式,"内容"即个人信息和重要数据,"行为"既可以将前述"内容"主动向境外提供,也可以是授权境外主体访问

〔1〕 王中美:《跨境数据流动的全球治理框架:分歧与妥协》,载《国际经贸探索》2021 年第 4 期。

相关“内容”等形式，既可以是线上传输，亦可以是线下提供。[1] 另外部分学者则运用社会科学法，有的从跨境数据的类型出发，将数据按照不同的属性划分为个人数据、商业数据、技术数据和组织（公共）数据，并将广义上的数据跨境流动定义为数据在国家之间的电子移动。有的则以数据跨境流动载体为出发点，认为数据跨境流动是依托于计算机信息系统进行的跨越国界的运动，是数据通过服务器在两个国家或地区之间跨越了主权国家边界的运动。[2] 有的则兼顾数据特性以及数据跨境的行为模式，认为数据跨境流动的范畴应同时满足两个条件：一方面数据只是数据或者是信息流动的载体，具备可识别性，数据对应的是信息载体与形式，只是传播的工具；另一方面从行为模式角度，数据跨境流动不仅包含跨越传统意义上的国边境，而且包括在新的信息媒介条件下的另一种传播形式：境内存储，境外访问。[3] 综上所述，数据跨境流动的内涵可概括为：具备可识别性并承载一定信息内容的数据，通过计算机信息系统或者新的信息技术媒介传输，跨越传统意义上的国边境，并于境外进行访问或开展其他数据处理活动，或者虽然数据未跨越国边境，但境外第三方仍可进行访问或开展其他数据处理活动。

## 二、健康医疗数据跨境流动规制的概念剖析

随着互联网、云计算、5G、人工智能、物联网等技术的发展，数字化在医疗场景中的价值日益凸显，数字医疗产业也迎来蓬勃发展，各种智能化分析工具的研发和应用，使医疗数据演变为医疗机构的核心资源，使医疗机构走上以数据资源生产和分析应用为竞争力的时代。2016 年 6 月国务院办公厅

---

〔1〕 胡海波、耿骞：《数据跨境流动治理研究：溯源、脉络与动向》，载《情报理论与实践》2023 年第 7 期。

〔2〕 王蕾：《企业数据跨境流动治理研究》，南京财经大学 2023 年硕士学位论文。

〔3〕 朱学峰：《我国数据跨境流动的法律规制》，山东大学 2022 年硕士学位论文。

发布的《关于促进和规范健康医疗大数据应用发展的指导意见》中首次指出要推动探索“互联网＋健康医疗”的服务模式，2016年10月国务院发布的《“健康中国2030”规划纲要》中首次将“互联网＋健康医疗”服务上升到国家战略层面。为进一步推动健康医疗数据的广泛应用，充分发挥健康医疗数据作为国家重要的基础性战略资源的作用，2018年国家卫生健康委员会发布《国家健康医疗大数据标准、安全和服务管理办法(试行)》，其中第37条明确规定，国家卫生健康委员会负责建立健康医疗大数据开放共享的工作机制，加强健康医疗大数据的共享和交换，统筹建设健康医疗大数据上报系统平台、信息资源目录体系和共享交换体系。[1] 健康医疗数据跨境流动作为健康医疗数据共享开放体系的一项基础活动，毋庸置疑的是，其有利于推动医学研究的全球协作，平衡全球医疗资源，弥补各国医疗资源的不均，释放健康医疗数据全球共享红利，改善健康医疗环境。然而健康医疗数据跨境流动始终被个人隐私泄露、医学伦理风险、国家安全风险、生物安全风险等困境所包围，一旦处理不慎，隐私和安全问题将会摧毁社会公众对数据共享的信心和参与积极性，减损健康医疗数据全球共享所产生的整体价值。对个人隐私的泄露、对国家安全的威胁是健康医疗数据跨境流动始终存在的风险。基于上述原因，对健康医疗数据跨境流动规制的概念剖析具有现实存在的重要价值。

在界定健康医疗数据跨境流动规制概念之前，首先要明确界定健康医疗数据跨境流动规制概念的方法论，先将健康医疗数据跨境流动规制提取出两个关键词：健康医疗数据、数据跨境流动规制，再运用规范分析法以及社会科学法，厘清健康医疗数据跨境流动规制的核心要义，最后进行总结概括。

---

〔1〕《国家健康医疗大数据标准、安全和服务管理办法(试行)》，载国家卫生健康委员会2018年7月12日，http://www.nhc.gov.cn/guihuaxxs/s10741/201809/758ec2f510c74683b9c4ab4ffbe46557.shtml。

就健康医疗数据的概念而言，国内外关于健康医疗数据的立法表述既有部分内容的一致性，又存在一定的差别。1996 年美国颁布的 HIPPA 中将健康医疗信息表述为“受保护的健康信息”（Protected Health Information，PHI）。该法案明确规定受保护的健康信息的范围应同时满足三个条件：（1）载体形式，包括电子、纸质、口头形式；（2）将受保护的健康信息划分为三种类型，包括过去、现在或将来的生理或心理健康状况，向个人提供健康保健的，还包括现在、过去或将来支付个人健康保健费用的信息或人口信息；（3）信息可识别到个人或可被用作识别个人。基于美国各州的法律体系的差异性，为协调各州公共健康隐私保护工作落地实施，2001 年美国出台《州公共健康隐私示范法》适用于公共卫生机构持有的所有“受保护的健康信息”。这包括与个人过去、现在或未来的身体或心理健康状况、治疗、服务、产品购买或护理相关的任何公共卫生信息，无论是口头、书面、电子还是视觉信息。受保护健康信息的这一广义定义反映了任何可识别数据（例如，艾滋病毒、性病或免疫状态）都可能是敏感的。欧盟在 2018 年发布的 GDPR 第 4 条第 13、14、15 款分别规定“基因数据”、“生物识别数据”以及“与健康有关的数据”，其中“与健康有关的数据”指的是那些与自然人的身体或精神健康相关的、显示其个人健康状况信息的个人数据，包括和卫生保健服务相关的服务。[1] 之后于 2022 年《欧洲议会和理事会在关于欧洲卫生数据空间的法规提案》中，多次使用“健康数据”“电子健康数据”“电子卫生数据”等词，并指出：“个人电子健康数据可包括与自然人的身心健康有关的个人数据，包括提供保健服务，披露有关其健康状况的信息；与自然人的遗传或后天遗传特征有关的个人数据，提供有关该自然人的生理或健康的独特信息，特别是对有关自然人的生物样本进行分析所得出的个人数据；以及健康数

〔1〕 丁晓东：《什么是数据权利？——从欧洲〈一般数据保护条例〉看数据隐私的保护》，载《华东政法大学学报》2018 年第 4 期。

据的决定因素,如行为、环境、身体影响、医疗、社会或教育因素。电子健康数据还包括最初为研究、统计、决策或监管目的而收集的数据,并可根据第四章的规则提供。电子健康数据涉及所有类别的数据,无论此类数据是由数据主体或其他自然人或法人(如健康专业人员)提供的,还是针对自然人的健康或福祉进行处理的,还应包括推断和派生的数据,如诊断、测试和体检,以及通过自动手段观察和记录的数据"。[1] 国内关于"健康医疗数据"的表述最早出现在国家卫生健康委员会于2018年9月发布的《国家健康医疗大数据标准、安全和服务管理办法(试行)》中,该办法第4条明确规定,"该办法所称健康医疗大数据,是指在人们疾病防治、健康管理等过程中产生的与健康医疗相关的数据"。[2] 2020年国家标准化管理委员会在发布的《信息安全技术 健康医疗数据安全指南》中进一步明确,健康医疗数据包括个人健康医疗数据以及由个人健康医疗数据加工处理之后得到的健康医疗相关电子数据。[3] 由此可见,健康医疗数据是指为实现健康医疗服务和公共卫生目标而产生或派生的数据,包括个人健康医疗数据以及由个人健康医疗数据加工处理之后得到的健康医疗相关电子数据。

现行数据跨境流动规制主要是个人数据跨境流动规制。国内对数据跨境流动规制最早出现在《网络安全法》第37条,首次对关键信息基础设施运营者提出了数据本地化以及数据出境安全评估的要求。2021年《国民经济和社会发展第十四个五年规划和2035年远景目标纲要》中指出,统筹数据开发利用、隐私保护和公共安全,加快建立数据资源产权、交易流通、跨境传

[1] 《欧洲议会和理事会关于欧洲卫生数据空间的法规提案》,载 https://eur-lex.europa.eu/legal-content/EN/TXT/? uri = CELEX%3A52022PC0197。

[2] 《国家健康医疗大数据标准、安全和服务管理办法(试行)》,载国家卫生健康委员会2018年7月12日,http://www.nhc.gov.cn/guihuaxxs/s10741/201809/758ec2f510c74683b9c4ab4ffbe46557.shtml。

[3] 《信息安全技术 健康医疗数据安全指南》,载国家标准化管理委员会2020年12月14日,https://std.samr.gov.cn/gb/search/gbDetailed? id = B691BB77876CD126E05397BEOAOAF3B3。

输和安全保护等基础制度和标准规范。[1] 2022 年 12 月发布的《中共中央、国务院关于构建数据基础制度更好发挥数据要素作用的意见》指出，构建数据安全合规有序跨境流通机制。在我国，数据跨境流动在相关法律文件中表述为"个人信息和重要数据向境外提供"或"网络运营者将在中华人民共和国境内运营中收集和产生的个人信息和重要数据，提供给位于境外的机构、组织和个人"。所谓规制，是指政府设置（出台）规定进行限制。规制作为具体的制度安排，是"政府对经济行为的管理或制约"，是在市场经济体制下，以矫正和改善市场机制内在的问题为目的，政府干预经济主体（特别是企业）活动的行为，"包容了市场经济条件下政府几乎所有的旨在克服广义市场失败现象的法律制度以及以法律为基础的对微观经济活动进行某种干预、限制或约束的行为"。综上所述，健康医疗数据跨境流动规制可概括总结为基于健康医疗数据的公共福利属性与强人格属性并存的情况，为充分发挥健康医疗数据的价值效用，国家公权力针对健康医疗数据跨越国边境或者虽未跨越国边境但仍可被境外第三方访问或者开展其他数据处理活动的行为，而实施的宏观干预或调整措施。

## 三、健康医疗数据跨境流动规制的研究现状

### （一）数据跨境流动治理研究具有明显的跨学科交叉研究特征

国外学者对数据跨境流动治理及相关研究起步相对较早，从数据跨境流动的政策分析和法律制度构建角度[2]，William L. Fishman 和 Hugh

---

〔1〕《国民经济和社会发展第十四个五年规划和 2035 年远景目标纲要》，载中国政府网，https://www.gov.cn/xinwen/2021-03/13/content_5592681.htm? eqid=a54088440001c6ba00000006645c6658。

〔2〕 C. Kuner, Regulation of Transborder Data Flows Under Data Protection And Privacy Law, https://www.oecd-ilibrary.org/docserver/5kg0s2fk315f-en.pdf? expires=1690798081&id=id&accname=guest&checksum=26C9161376EE8BE8D5CAD1CB78158044.

Donaghue 等较早注意到了数据跨境流动中隐私保护的法律制度和政治政策;[1] Susan Ariel Aaronson 通过研究提出数据跨境流动与国家安全的关系;[2] Kaori Ishii 研究数据跨境流动的相关规则,提出实现国际制度的融合和趋同。就数据隐私保护问题的标准和制度的研究角度,[3] David Bender 对《欧盟数据保护令》所设立的数据保护制度的优劣进行深度分析;Clarisse Girot 研究了亚太地区 14 个国家的涉及数据跨境流动的数据保护法律,提出建立一个国际标准来进行数据保护。关于数据主权及云计算环境下的数据监管难题的讨论,[4] Saeed Samiee 从商业的视角分析认为国家对数据跨境流动的限制对跨国公司是一项新的挑战;[5] Judith Rauhofer 则引入了数据主权的概念并分析欧盟数据保护制度存在的问题。[6]

### (二)数据开放共享视角下健康医疗数据跨境流动规制研究

从上位概念角度,健康医疗数据跨境流动属于医疗数据开放共享中的一种场景,而医疗数据作为个人数据中的一种类型,在理论谱系中实际上被数据开放共享规则的相关研究统摄。由此,对于健康医疗数据跨境流动监管的相关研究不能脱离数据开放共享相关规则的范畴。早在 20 世纪 90 年代,美国就开始探索健康信息共享,但是正式展开国家层面治理始于 2004

---

〔1〕 Wilue, *Some Policy and Legal Issues In Trans Border Data Flow*, Proceedings of the ASIL Annual Meeting 74, 1980, p. 179 – 187.

〔2〕 S. A. Aaronson, Why Trade Agreements are not Setting Information Free: The Lost History and Reinvigorated Debate over Cross-Border Data Flows, Human Rights and National Security, file:///C:/Users/12236/Downloads/finalinformationfree. pdf.

〔3〕 K. Ishii, *Comparative Legal Study on Privacy and Personal Data Protection for Robots Equipped with Artificial Intelligence: Looking at Functional and Technological Aspects*, AI & Society, 2019, p. 509 – 533.

〔4〕 F. Launches, Asia-Pacific Region Office, Global Data Protection Expert Clarisse Girot Leads Team, https://fpf. org/blog/future-of-privacy-forum-launches-asia-pacific-region-office-global-data-protection-expert-clarisse-girot-leads-team/.

〔5〕 S. Samiee, *Transnational Data Flow Constraints: A New Challenge For Multinational Corporations*, Journal of International Business Studies, 1984, p. 141 – 150.

〔6〕 J. Rauhofer, *Protecting Their Own: Fundamental Rights Implications For EU Data Sovereignty In The Cloud*, Innovation Law & Policy Journal, 2013, p. 1 – 32.

年，美国对个人数据的保护主要通过隐私权保护实现，Louis D. Brandeis 和 Samuel Warren 在 1890 年发表了经典的“The Right to Privacy”一文，基于独处权理论论证了隐私权存在的合理性。[1] 此后，美国对健康医疗数据跨境流动的保护恪守隐私法的相关准则，以信息自由流通为基本原则，受保护客体即个人信息通过法律规范和实践案例确定。[2] Michelle M. Mello 在 2018 年发表的“Legal Barriers to the Growth of Health Information Exchange-Boulders or Pebbles?”一文中，通过分析联邦和州健康信息隐私法规以及二手材料，认为尽管 HIE 的一些法律障碍仍然存在，但许多障碍已经得到改善，在某些情况下，仅仅是通过提高对法律实际要求的理解。很明显，《健康保险携带和责任法案》没有为用于治疗目的的以电子方式共享受保护的健康信息设置任何障碍，并且不会要求正确披露信息的提供者对接收者的隐私侵犯负责。[3] 然而乔治城大学（Georgetown University）的法学院教授 Lawrence Gostin 在其发表的“Informational Privacy and the Public's Health：The Model State Public Health Privacy Act”中，认为美国健康信息共享主要基于国家、州级、地方三个层次的 HIE 项目来实现。虽然州公共卫生机构在保护公共卫生数据方面有着良好的记录，但现有的关于公共卫生信息隐私的州法律存在不一致、零散和不足的情况。[4] 这些法律的隐私保护程度存在很大差异，在访问可识别数据方面赋予了不同权利，并允许公共卫生机构以外的披露禁令的多重例外。同时指出美国当前的法律和政策往往未能调和在可识别的健康数据中个人隐私利益和集体公共健康利益之间的冲突。公

---

〔1〕 S. D. Warren & L. D. Brandeis, The Right to Privacy, http://www.cs.cornell.edu/~shmat/courses/cs5436/warren-brandeis.pdf.

〔2〕 田旭：《网络空间中个人数据跨境传输法律规则研究》，华东政法大学 2020 年博士学位论文。

〔3〕 Michelle M. Mello, Legal Barriers to the Growth of Health Information Exchange-Boulders or Pebbles?, https://pubmed.ncbi.nlm.nih.gov/29504197/.

〔4〕 Lawrence Gostin, Informational Privacy and the Public's Health: The Model State Public Health Privacy Act, file:///C:/Users/12236/Downloads/Informational_Privacy_and_the_Publics_Health_The_.pdf.

民自由主义者和消费者将信息隐私视为一项基本权利,并强调更强有力的法律保障的重要性。

我国学术界对数据保护的研究要早于对健康医疗数据保护的研究,研究成果也更加丰富、全面,在研究健康医疗数据跨境流动保护之前有必要先了解数据跨境流动保护的研究现状。在中国知网搜索主题词"数据跨境流动保护",可得到的检索结果为428篇文献,遗憾的是,2010年之前我国没有学者对健康医疗数据的跨境流动予以专门关注。最早对数据跨境流动保护的研究可追溯至2011年,研究的行业领域是征信数据,2011年至2014年的相关文献较少,每年不超过3篇,2014年之后开始呈现上升趋势,但上升趋势较为平缓,2019年开始呈现爆发期,仅2019年一年就发表了高达40多篇相关研究。2019年之后学界对数据跨境流动保护的研究进入快速发展阶段,随着近年来国家政策与相关法律法规的出台,数据跨境流动保护的研究热度将会持续上升。在研究的起步阶段,基于国内数据跨境流动的行业领域尚未普及,国家层面尚未出台相关的规则制度,对数据跨境流动规制的研究尚不成熟,因此我国学者早期对数据跨境流动的研究数据类型主要在征信数据,研究内容侧重于基础理论研究,有的学者通过梳理欧盟数据跨境流动的制度设计,认为我国数据跨境流动规则的制定应当考虑灵活性,可借鉴欧盟的标准合同制度以及约束性企业规则(BCR),坚持宽严相济的原则,以实现数据跨境转移的多样化机制。[1] 早期的研究者虽然从不同角度对数据跨境流动规则进行剖析,但大部分研究在肯定欧盟个人数据权保护路径的借鉴意义上呈现一致性,典型代表如《中华人民共和国个人信息保护法(专家建议稿)及立法研究报告》(周汉华,2015年)、《美国信息隐私法的立法透析》(齐爱民,2005年)、《美国信息隐私法的发展历程》(孔令杰,2008年)、

〔1〕 高明:《欧盟跨境数据流动的法律探究》,载《法制与社会》2011年第28期。

《比较法上的个人数据信息自决权》(贺栩栩,2013 年)。数据跨境流动保护既是民法中个人信息权益保护的一部分,也因其涉及的主客体的涉外性而具有国际法属性,因此数据跨境流动规则具有不同部门法交叉性的特点。张继红在《个人数据跨境传输限制及其解决方案》中介绍性地提出了数据跨境传输的域外范式,并基于国际经贸之理由提出要弥合个人数据保护与数据流通之矛盾,但却未能提出具体的解决方案。[1] 许多奇《个人数据跨境流动规制的国际格局及中国应对》一文在介绍个人数据跨境流动规则的基础上提出了一些框架性的建议,诸如加强个人数据保护、提高企业合规自觉性等倡导性建议,也未能提出较为具体的数据跨境传输构建准则。[2] 随着"三法一条例"的陆续出台,有诸多学者对个人数据跨境流通提出了应对方案,有部分学者就认为应当重视技术标准在数据跨境流动规则构建中的作用,[3] 典型代表有《探索激励相容的个人数据治理之道——中国个人信息保护法的立法方向》(周汉华,2018 年)及《"以管理为基础的规制"——对网络运营者安全保护义务的重构》(洪延青,2016 年)[4]。还有学者提出数据跨境流动的前置问题是国家网络空间主权问题,认为国家具有网络主权[5],诸如《网络空间主权的治理模式及其制度构建》(张新宝、许可,2016 年)、《网络空间国际法治:中国的立场、主张和对策》(黄志雄,2015 年)、《网络主权否定论批判》(程卫东,2019 年)。不可否认的是,我国对数据跨境流动规制的研究仍处于发展期,部分领域仍未达成共识,数据跨境流动规则的构建,特别是全球框架的形成仍然处于理论研讨阶段,真正的制度形成依然任重而道远。

---

[1] 张继红:《个人数据跨境传输限制及其解决方案》,载《东方法学》2018 年第 6 期。

[2] 许多奇:《个人数据跨境流动规制的国际格局及中国应对》,载《法学论坛》2018 年第 3 期。

[3] 周汉华:《探索激励相容的个人数据治理之道——中国个人信息保护法的立法方向》,载《法学研究》2018 年第 2 期。

[4] 洪延青:《"以管理为基础的规制"——对网络运营者安全保护义务的重构》,载《环球法律评论》2016 年第 4 期。

[5] 张新宝、许可:《网络空间主权的治理模式及其制度构建》,载《中国社会科学》2016 年第 8 期。

## 第二节 健康医疗数据跨境流动规制的构建基础

正如韩愈在《钱重物轻状》中描述的,“凡法始立必有病”。古希腊哲学家亚里士多德也曾说过,要使事物合乎正义(公平),须有毫无偏私的权衡,法律恰恰正是这样一个中道的权衡。因此对健康医疗数据跨境流动规制的正当性和必然性论证可以从法理、伦理两个角度作为切入点。

以法理角度作为切入点,对健康医疗数据跨境流动规制的正当性和必然性根据的反思,大致可以从以下进路入手:一是健康医疗数据的海量性与复杂性并存决定了医疗数据跨境流动规制的必然性。2022 年 11 月,国家卫生健康委员会发布的《“十四五”全民健康信息化规划》明确指出,以数据资源为关键要素,以新一代信息技术为有力支撑,以数字化、网络化、智能化促进卫生健康行业转型升级。健康医疗产业数字化转型进程加快,一方面,为健康医疗产业注入多层次性、多样性的新发展动力;[1] 另一方面,医疗数据量存储规模由 GB 到 TB 再到 PB、EB,据《数字中国发展报告(2022 年)》初步统计,截至 2022 年 10 月,全国设置超过 2700 家互联网医院,开展互联网诊疗服务超过 2590 万人次。2022 年,互联网医疗用户规模达 3.6 亿,增长率为 21.7%,全年共开展远程医疗服务超 2670 万人次。Zion Market Research 报告显示,2021 年全球医疗保健数据存储市场规模约为 32.917 亿美元,预计到 2028 年,将增长至约 71.495 亿美元,预测期内复合年增长率

---

〔1〕《“十四五”全民健康信息化规划》,载国家卫生健康委员会 2022 年 11 月 9 日,http://www.nhc.gov.cn/cms-search/xxgk/getManuscriptXxgk.htm?id=49eb570ca79a42f688f9efac42e3c0f1。

(CAGR)约为13.80%。[1] 健康医疗数据作为国家重要的基础性战略资源，应坚持规范有序、安全可控的基本原则，建立健全健康医疗大数据开放、保护等法规制度，强化标准和安全体系建设，强化安全管理责任，妥善处理应用发展与保障安全的关系，增强安全技术支撑能力，有效保护个人隐私和信息安全。[2] 二是健康医疗数据的高度敏感性决定了医疗数据跨境流动规制的必要性。医疗数据包括所有与医疗卫生和生命健康活动相关的数据集合，既包括个人从出生到死亡的全生命周期过程中，因免疫、体检、治疗、运动、饮食等健康相关活动所产生的大数据，又涉及医疗服务、疾病防控、健康保障、食品安全和养生保健等多方面数据的聚合。值得注意的是，医疗数据除了包含病人隐私信息，也包含了大量关于医院的诊疗方法、药物疗效等信息。医疗数据的生物(理)特征、隐私特征和伦理特征都使其天然带有"安全红线"属性，数据应用与数据保护之间的紧张关系更为严峻。三是数据开发与应用的前沿性和数据安全法规体系建设的滞后性之间尚不平衡的客观现实决定了健康医疗数据跨境规制的迫切性。目前，国外对于健康医疗数据跨境流动的专门标准并不多，ISO 2004年颁布《健康信息学　推动个人健康信息跨国流动的数据保护指南》，该指南规定除保护数据主体切身利益所必要的传输之外，个人健康数据不应被传输，除非得到数据主体明确的同意。澳大利亚则明确禁止与健康医疗相关的数据出境。健康医疗数据流动规制，本质上是国家公权力为细化数据跨境流动有关规则和发挥健康医疗数据价值效用而实施的干预或调整措施。这一规制活动既有其存在的必要性，也有需要及时细化实施和展开相应研究的紧迫性。数据的价值释放关

[1] 《数字中国发展报告(2022年)》，载国家互联网信息办公室，https://cif.mofcom.gov.cn/cif/html/upload/20230524092441031_%E6%95%B0%E5%AD%97%E4%B8%AD%E5%9B%BD%E5%8F%91%E5%B1%95%E6%8A%A5%E5%91%8A%EF%BC%882022%E5%B9%B4%EF%BC%89.pdf。

[2] 《关于促进和规范健康医疗大数据应用发展的指导意见》，载中国政府网，https://www.gov.cn/zhengce/content/2016-06/24/content_5085091.htm。

键在于数据的使用,数据跨境流动可以有效促进数据的使用,发挥数据的效能与价值。由于数据本身具有内涵外延广泛、权益主体复杂、利用方式多元等方面的特性,健康医疗数据的跨境流动规制,需要紧密贴合健康医疗数据的实际应用场景,不应一体适用一般性的数据跨境规制规则,应有对应的"专门规定"以及有针对性的规制措施。[1]

从伦理角度出发,对健康医疗数据跨境流动规制的正当性和必然性根据的反思,关键在于论证医学伦理审查制度的现实必要性。第一,医疗数据跨境流动规制是医疗科技高质量发展的必然要求,健康医疗数据跨境流动规制有利于在科学性和伦理性之间找到一个相对的平衡点,使得医疗数据跨境活动在伦理的框架下得以有序健康地发展。2021年《数据安全法》正式出台,第28条明确规定,开展数据处理活动以及研究开发数据新技术,应当有利于促进经济社会发展,增进人民福祉,符合社会公德和伦理。[2] 实践中,医疗数据跨境主要是基于学术或临床科研需要而与国外科研机构或者跨国公司进行数据交换共享活动,诸如跨境医疗会诊、跨境医学研究、国际临床试验等业务场景,主要是为了实现保障患者健康、保障医学研究的可适用性、提高医疗技术水平等公益目标。2023年国家卫生健康委员会发布《关于印发涉及人的生命科学和医学研究伦理审查办法的通知》,旨在规范涉及人的生命科学和医学研究伦理审查工作,促进生命科学和医学研究健康发展。[3] 第二,随着全球医疗科技创新持续输出,医学伦理既是医疗数据跨境活动的重点规制内容,也是加快我国科技强医建设和加强医疗科技创新能力开放合作的关键所在。一个又一个科技浪潮赋能医学发展,健康医疗数

---

〔1〕 何晶晶、张心宇:《中国健康医疗数据跨境流动规制探析》,载《国际法研究》2022年第6期。

〔2〕 《数据安全法》第28条,载中国人大网2021年6月10日,http://www.npc.gov.cn/npc/c30834/202106/7c9af12f51334a73b56d7938f99a788a.shtml。

〔3〕 《关于印发涉及人的生命科学和医学研究伦理审查办法的通知》,载国家卫生健康委员会,https://www.gov.cn/zhengce/zhengceku/2023-02/28/content_5743658.html。

据包含的内容不仅涉及个人隐私，还有民族基因等关乎整个国家战略安全的信息，对健康医疗数据的法律规制不能简单地以保护个人隐私为目标，应当有更高的、符合医学伦理的法律规范对健康医疗数据的收集、交易、共享等行为进行规范限制。医疗数据跨境活动作为医疗数据处理活动之一，其在推动人类健康进步的同时，也带来严峻的科技伦理挑战。我国目前医疗数据的跨境流动机制尚未明确，亟须在《数据安全法》《个人信息保护法》的框架下，结合医药行业的特性设计有针对性的行业规则，既要做好个人权益及数据安全的保护工作，又要兼顾药品、医疗器械创新研发的效率。同时，积极实现本国数据治理规制与国际数据治理规制的融合，将助力我国与境外医药企业、高校和医院更加深度的合作。2018 年习近平总书记在主持人工智能发展现状和趋势第九次集体学习时谈到了人工智能发展过程中的伦理问题，他强调，要加强人工智能发展的潜在风险研判和防范，维护人民利益和国家安全，确保人工智能安全、可靠、可控。要整合多学科力量，加强人工智能相关法律、伦理、社会问题研究，建立健全保障人工智能健康发展的法律法规、制度体系、伦理道德体系。中央全面深化改革委员会第九次会议指出，科技伦理是科技活动必须遵守的价值准则。医学伦理治理已然成为医疗数据跨境规制的关键议题。

## 第三节　健康医疗数据跨境流动规制的主要进路

### 一、中国健康医疗数据跨境流动规制现状

我国立法领域对跨境数据流动的规制起步较晚，与西方国家存在一定的差距，以“滴滴事件”为典型的数据泄露、数据滥用、数据投毒等危害数据

安全的事件频出[1]。健康医疗数据作为数据类型之一,其安全涉及国家利益,健康医疗大数据的隐私信息事关公民权利。如何既充分实现大数据价值又维护安全隐私,是大数据发展路途上至今没有明确解决的伦理和法律问题。在健康医疗领域,这个矛盾尤为显著。2015 年 9 月 7 日,科学技术部官网公布,复旦大学附属华山医院和深圳华大基因科技服务有限公司未经许可与英国牛津大学开展中国人类遗传资源国际合作研究,华山医院未经许可将部分人类遗传资源信息从网上传递出境。[2] 医疗数据安全问题已不仅是狭义的数据问题本身,而是上升为广义的国家安全层面。在此背景下,为妥善处理跨境医疗数据流动过程中涉及的数据保护和数据安全平衡问题,有效应对医疗数据跨境流动带来的各种风险与挑战,2016 年我国出台的《网络安全法》首次将数据跨境引入大众视野,制定了数据跨境流动的基本原则,之后又陆续出台了多部与医疗数据跨境流动相关的法律法规、政策文件以及标准,进一步加强对跨境医疗数据流动的法律规制,跨境医疗数据流动与保护的法律体系逐渐完善。[3]

### (一)现有的健康医疗数据跨境流动规制体系

近年来,我国有关健康医疗数据跨境的立法活动频繁,健康医疗数据跨境流动框架日趋完善。纵观我国医疗数据跨境的立法历程,基本形成以《国家安全法》《生物安全法》为基石,以《网络安全法》《数据安全法》《个人信息保护法》这"三驾马车"为主干,以《数据出境安全评估办法》《个人信息出境标准合同办法》《个人信息保护认证实施规则》《个人信息出境标准合同备案指南》《网络安全审查办法》《人类遗传资源管理条例》《人口健康信息管理

---

〔1〕 高敏涵:《个人数据跨境流动的法律规制问题研究》,外交学院 2022 年硕士学位论文。

〔2〕 《行政处罚决定书》(国科罚〔2015〕1 号),载中华人民共和国科学技术部,https://www.most.gov.cn/xxgk/xinxifenlei/fdzdgknr/xzcf/202302/t20230228_184774.html。

〔3〕 朱学峰:《我国数据跨境流动的法律规制》,山东大学 2022 年硕士学位论文。

办法(试行)》《国家健康医疗大数据标准、安全和服务管理办法(试行)》《信息安全技术　健康医疗数据安全指南》等相关政策法规、标准为配套的具有中国特色的健康医疗数据跨境规制体系。

1. 健康医疗数据跨境流动一般规制要求

**表 1　健康医疗数据跨境流动一般规制要求**

| 文件名称 | 相关条款 | 具体内容 | 发布时间 |
| --- | --- | --- | --- |
| 《国家安全法》 | 第 25 条 | 国家建设网络与信息安全保障体系,提升网络与信息安全保护能力,加强网络和信息技术的创新研究和开发应用,实现网络和信息核心技术、关键基础设施和重要领域信息系统及数据的安全可控;加强网络管理,防范、制止和依法惩治网络攻击、网络入侵、网络窃密、散布违法有害信息等网络违法犯罪行为,维护国家网络空间主权、安全和发展利益 | 2015 年 |
| 《民法典》 | 第四编人格权编 | 从隐私权保护的角度,规定任何组织或者个人不得以刺探、侵扰、泄露、公开等方式侵害他人的私密信息 | 2020 年 |
| 《网络安全法》 | 第 37 条 | 1. 框架性规定,主体限于关键信息基础设施运营者在境内搜集的个人信息;<br>2. 需境内存储,若有需要境外提供,需经安全评估 | 2017 年 |
| 《数据安全法》 | 第 31 条 | 1. 规制对象:关键信息基础设施运营者、其他数据处理者的个人信息和重要数据的出境活动;<br>2. 分别适用《网络安全法》、国家网信部门会同国务院有关部门制定的出境安全管理办法 | 2021 年 |

续表

| 文件名称 | 相关条款 | 具体内容 | 发布时间 |
| --- | --- | --- | --- |
| 《个人信息保护法》 | 第3章 | 1. 规制对象:个人信息处理者、关键信息基础设施运营者的个人信息出境活动;<br>2. 出境要求:安全评估;个人信息保护认证;按照标准合同与境外接收方订立合同;符合我国缔结的国际条约、协定;处理者采取必要措施;告知义务及取得单独同意;未被列入禁止个人信息提供清单;非经主管机关批准,不得向外国司法或者执法机构提供存储于境内的数据 | 2021年 |
| 《网络安全审查办法》 | 第10条 | 明确规定核心数据、重要数据或者大量个人信息出境活动是网络安全审查重点评估对象 | 2020年 |
| 《数据出境安全评估办法》 | 全篇 | 明确规定数据出境安全评估合规要点,包括数据出境安全评估流程、申报流程以及安全自评估的重点事项、安全评估重点事项等 | 2022年 |
| 《个人信息出境标准合同办法》 | 全篇 | 明确规定个人信息出境标准合同实施要点,具体内容涉及:个人信息保护影响评估要点,《标准合同》订立、生效、主要内容、整改期限等,《标准合同》备案流程等 | 2023年 |
| 《个人信息保护认证实施规则》 | 全篇 | 明确规定个人信息保护认证合规要点,主要包括认证主体、个人信息保护认证基本要求、认证流程等 | 2022年 |
| 《个人信息出境标准合同备案指南》 | 全篇 | 主要对《个人信息出境标准合同》的备案流程、备案主管部门、备案结果以及补充备案或重新备案的情形等作出详细规定 | 2023年 |

由表1可以看出,基于健康医疗数据的来源及范围的广泛性,健康医疗数据既涉及个人属性数据、健康状况数据、医疗应用数据、医疗支付数据,也包括卫生资源数据、公共卫生数据等,在《网络安全法》《个人信息保护法》《数据安全法》等跨境监管体系中又分属于个人信息中的敏感信息和与国家安全、经济发展以及社会公共利益密切相关的重要数据。因此在开展健康医疗数据跨境流动规制现状研究时,应当首先梳理并分析个人信息、网络及数据安全监管体系中包含医疗属性数据的规制路径。然而《网络安全法》、《数据安全法》和《个人信息保护法》"三驾马车"构建了我国数据跨境流通规制的基本框架,遵循公权监管路径;《民法典》则承担了我国数据隐私保护的规范供给,遵循私权保护路径,当前公私规范供给错配、监管保护失序的问题时有发生。[1]

2. 健康医疗数据跨境流动特别规制要求

论及我国个人健康医疗数据保护的路径,实际上随着科技的发展和研究的深入有一个明显的转向。我国开始保护个人健康医疗数据的历史并不长,初期主要从保护患者隐私的角度入手,后来随着个人信息权益保护的深入研究,逐步将个人健康医疗数据置于个人信息项下进行保护,同时仍然规定应当保护患者隐私,两条轨道存在并行与交叉。健康医疗数据保护路径表现为"健康医疗大数据""个人医疗信息""患者个人信息""人口健康信息""人类遗传资源"等,保护客体多样,保护路径不明确、公法私法供给错配。这种不明确着重体现在规范的交叉冗杂和监管机构的多头执法两方面。

2018年国家卫生健康委员会发布的《国家健康医疗大数据标准、安全和服务管理办法(试行)》第30条明确规定,"健康医疗大数据应当存储在境内

[1] 楚孔杨:《我国个人健康医疗数据跨境流动监管法律问题研究》,山东大学2022年硕士学位论文。

安全可信的服务器上,因业务需要确需向境外提供的,应当按照相关法律法规及有关要求进行安全评估审核”。与之不同的是,人口健康信息则必须严格遵循本地化处理要求。值得注意的是,《人口健康信息管理办法(试行)》对人口健康信息的本地存储义务并未规定任何的例外情形,其明确要求“不得将人口健康信息存储于境外服务器,不得托管、租赁在境外的服务器”。换言之,一旦医疗数据属性上构成人口健康信息,其跨境传输活动将被严格禁止。

与人口健康信息不同的是,人类遗传资源在特定条件下可以跨境传输。根据《人类遗传资源管理条例》,利用我国人类遗传资源开展国际合作科学研究,或者因其他特殊情况确需将我国人类遗传资源材料运送、邮寄、携带出境的,应符合特定条件,并取得人类遗传资源材料出境证明。

根据《信息安全技术　健康医疗数据安全指南》的有关规定,基于学术研究需要的健康医疗数据跨境传输宜进行必要的去标识化处理,经数据安全委员会讨论审批同意,且数量在250条以内的非涉密非重要数据可以提供。对于不涉及国家秘密、重要数据或者其他禁止或限制向境外提供的数据,宜经主体授权同意和数据安全委员会讨论审批同意,且累计数据量控制在250条以内。

### (二)健康医疗数据跨境流动规制现状分析

虽然健康医疗数据跨境流动的需求不断提升,但中国健康医疗数据出境活动却随着大国博弈、国家安全、数字经济竞争等问题面临前所未有的挑战。[1] 从中国现有医疗数据跨境规制现状来看,虽然一定程度上实现跨境医疗数据在“可用不可见”模式下“可管、可控、可计量”,但是我国医疗数据

---

〔1〕 梅夏英:《在分享和控制之间数据保护的私法局限和公共秩序构建》,载《中外法学》2019年第4期。

跨境机制尚不完善；从宏观框架上来看，医疗数据跨境流动规制尚未形成统一的法律法规体系，散见于多部法律法规、部门规章中；从具体设计上来看，在规则设计层面整体上过于严苛和保守，不利于促进医疗数据自由流动，更不利于医学研究和医疗产业发展，这同时使得在实践实施层面存在落地执行难的问题，难以满足不同医疗数据跨境场景的需求。

1. 跨境医疗数据的监管规定分散于不同的法律法规中，治理机制尚不完善

第一，医疗数据跨境规则层次具有多样性。一方面，跨境医疗数据的法律法规陆续发布生效，不仅包括《网络安全法》《数据安全法》《个人信息保护法》，还涉及《数据出境安全评估办法》《人类遗传资源管理条例》《个人信息出境安全评估办法（征求意见稿）》《信息安全技术　健康医疗数据安全指南》等法律文件，共同构建了一个愈加完善的医疗数据跨境合规体系。另一方面，针对跨境医疗数据的监管性规定较为分散，涉及多部不同的法律法规，因此，相关主体在收集、处理医疗数据时，可能会同时受到多部法律法规的监管，医疗数据跨境合规工作面临巨大挑战。

第二，缺乏统一的医疗数据分类分级标准。医疗数据海量性、多样性、复杂性等特点使得跨境数据的法律属性识别与分类较为困难。在大数据背景下，医疗卫生行业在提供医疗服务过程中产生的数据呈爆炸式增长，且涉及医疗的数据类型丰富多变。现有的医疗数据分类分级中关于个人信息、重要数据等在监管定义上通常采用“概括式”“宽泛性”的表达形式，虽为医疗数据不同类别的界定提供了一定灵活度，但同时也带来了一定程度上的模糊性和不确定性；加之跨境医疗数据涉及不同法域，对于医疗数据类别的界定或存在差异甚至冲突，对跨境医疗数据的属性识别和应用管控造成困难。

2. 规则设计层面整体上过于严苛和保守，缺少对“业务场景多样性”的考量

第一，医疗数据出境规制整体上采取“一刀切”“宁严勿宽”的态度。一方面，健康医疗大数据中会涉及人类遗传资源和人口健康信息等，因此我国对医疗数据合规一直采取从严的监管路径，而健康医疗数据跨境作为医疗数据重要处理活动之一，成为合规监管的重中之重。早在 1998 年，科学技术部、原卫生部[1]就发布了《人类遗传资源管理暂行办法》，明确规定重要人类遗传资源严格控制出口、出境和对外提供。2014 年国家卫生和计划生育委员会发布《人口健康信息管理办法(试行)》，明确规定不得将人口健康信息在境外的服务器中存储、托管、租赁。2023 年科学技术部发布《人类遗传资源管理条例实施细则》，明确规定向境外提供我国人类遗传资源，必须由我国科研机构、高等学校、医疗机构或者企业开展。另一方面，健康医疗大数据中涵盖大量的敏感个人信息和重要数据，因此医疗数据跨境活动必须符合安全评估、出境标准合同、个人信息保护认证、知情同意等专项规定。对于有数据出境需求的相关医药机构或企业而言，应当结合自身的出境业务场景以及不同类别的数据，因地制宜地选择适用最适合自己的出境路径。这对于单一场景的医疗数据出境活动而言，一定程度上为医疗企业或机构提供了选择的多样性，但对于复杂场景的出境活动而言，无疑增加了时间成本、人力成本，增大了医疗数据跨境的合规难度。

第二，医疗数据跨境流动模式过度本地化。在全球化和数字化快速发展的时代，数字贸易已经成为全球高质量发展的引擎，而数据则是核心资源要素，随着数据赋能价值的不断显现，对其跨境流动不当所导致的国家安全隐患的担忧也在与日俱增。健康医疗大数据作为国家重要的基础性战略资

[1] 2013 年机构改革撤并为国家卫生和计划生育委员会，2018 年机构改革撤并为国家卫生健康委员会，下同。

源，健康医疗大数据的安全关系到国家战略安全、国家生物安全、人民生命安全和公民个人隐私安全。基本上所有国家都对医疗数据跨境流动实施了不同程度的限制。中国也在此基础上开始制定相应的医疗数据本地化政策来维护自身安全发展，然而从目前已有的医疗数据跨境规则来看，部分内容在设计上呈现过度本地化现象，主要表现为部分前置条件的过度本地化和部分专项实施细则的过度本地化。中国在健康医疗数据保护方面的态度是数据安全优于数据流动，对医疗数据跨境流动的前置条件采取严格且审慎的态度，最早源自《网络安全法》第37条，该条规定采用了"原则+例外"的规制模式，即原则上不允许数据的跨境输出，只有在特定情形且经有关部门安全评估后方可跨境输出。在部分专项实施细则上，以数据安全评估为例，《数据出境安全评估办法》中严格要求评估内容事项，要求必须评估境外接收方所在国家或者地区的数据安全保护政策法规和网络安全环境对出境数据安全的影响；境外接收方的数据保护水平是否达到中华人民共和国法律、行政法规的规定和强制性国家标准的要求，这在临床试验国际合作的场景下可能难以落地执行。

3. 全球尚未形成统一的跨境医疗数据治理框架

第一，国际数据跨境流动互信机制的建立存在障碍。目前，数据跨境流动国际治理格局主要以世贸规则和多边、双边区域贸易协定等"硬法"规制为主，呈现出立体化、多层次、碎片式的规制特征。[1] 各国家或地区受国家安全、数据主权、人权保护、地缘政治、贸易模式等因素影响，制定了侧重点不同、各个层次的医疗数据跨境规则，医疗数据治理和医疗数据跨境流动政策具有很大差异，健康医疗数据跨境规则研究和遵从难度显著增加。

第二，不同法域规则冲突。各个国家对如何规制数据跨境流动尚未达

---

〔1〕 朱勤、刘玥：《数字贸易发展背景下跨境数据流动国际治理及我国的探索》，载《科技管理研究》2023年第7期。

成有效共识，甚至在数字贸易规则制定上表现出“政治化”和“阵营化”的特点。以美国为代表的发达成员将区域和双边贸易协定作为其推进数据跨境自由流动主张的主要渠道，推动数据跨境流动规则不断向更高水平、更严标准、更加开放趋势发展。从具体规则内容来看，中国申请加入的 CPTPP 和 DEPA 两个协定，都对数据跨境流动监管提出了高水平的规则要求。[1] 在这种情况下，数据跨境规则基本框架和主要原则缺少足够弹性，企业在开展医疗数据跨境流动活动时，需要同时考虑医疗数据输出地和输入地的医疗数据跨境规则，但不同法域医疗数据跨境规则的不同，给医疗机构或企业“双向合规”带来困难；由于“长臂管辖”等因素，同一法域的医疗数据处理行为也可能需要满足多法域规则，存在法律冲突隐患，对医疗数据跨境合规应对和治理能力提出考验。

## 二、中国健康医疗数据跨境流动规制的因应

数据跨境需求逐步提升和数据跨境安全风险的增加是一组矛盾，这一组矛盾的运动对数据跨境规制活动提出了更高要求。中国规制思路整体偏向于“风险控制”一侧，而缺少提出对卫生医疗产业“行业促进”的有效应对，实际上不适用于当前全球经济下行、医疗数据跨境需求不断增加的新形势。

健康医疗数据是数据安全管理领域的重点方向，关注医疗健康数据的合理有效利用已成为全球性议题。美欧等数据大国针对健康医疗数据跨境流动活动，也更多地从“行业促进”的角度思考相应的规制进路。如在个人信息保护与数据安全方面，美国一直坚持追求数据处理高自由度和促进数据向美国聚集的主张，强调鼓励数据流动自由、发挥数据价值。在数据跨境

[1] 刘影：《数据跨境流动的国际治理》，载《理论导报》2023 年第 5 期。

规则方面，主要以行业规范为主，政府规制措施较为宽松。[1] 在个人健康医疗数据层面上的主要联邦法律《健康保险携带和责任法案》中，未对个人健康医疗数据出境做出过多限制，并且出于自身的治疗以及用于公共卫生活动、医学研究等 12 项国家公益活动时对外提供健康医疗数据可以不必取得当事人的书面授权。[2] 在具体的举措上，根据美国食品药品监督管理局（FDA）的规则，医疗机构如果有健康医疗数据跨境的需要，仅需通过独立或医院所属的机构审查委员会同意即可进行，其会审查该项目是否有患者的同意或者其他授权形式。[3]

即便是强调“严格规范”“充分保护数据主体权利”“维护数据主权”的欧盟，对健康医疗数据的跨境仍有相应的“特殊规定”。在欧盟内部，为实现各成员国间健康医疗数据共享，欧盟通过建设数字公共空间消除数据流动障碍，倡导建立“欧洲健康数据空间”以促进健康数据交换，通过数字中介的形式建立医疗数据管理平台，支持医院之间的自愿数据共享，或促进法律规定的数据共享义务[4]，形成了比较典型的如 InteropEHRate 项目、Solid 项目和 Digi. me 项目等，通过开发开放式交换协议，支持以患者为中心的患者、医院和研究人员之间的健康记录交换，尽可能多地整合最先进的欧洲、国际标准和配置文件，使患者能够控制、交换和与医疗服务提供者或医学研究共享

〔1〕 冯洁菡、周濛：《跨境数据流动规制：核心议题、国际方案及中国因应》，载《深圳大学学报（人文社会科学版）》2021 年第 4 期。

〔2〕 HSS Health Information Privacy：Summary of the HIPAA Privacy Rule, U. S. Department of Health & Human Services official website, https://www. hhs. gov/hipaa/for-professionals/privacy/laws-regulations/index. html.

〔3〕 U. S. Food and Drug Administration, Institutional Review Boards Frequently Asked Questions, Food and Drug Administration official website, https://www. fda. gov/regulatory-information/search-fda-guidance-documents/institutional-review-boards-frequently-asked-questions.

〔4〕 European Health Data Space, European Commission official website, https://health. ec. europa. eu/ehealth-digital-health-and-care/european-health-data-space_en.

医疗个人数据。[1] 在外部，虽然欧盟强调要严格把控数据跨境流动，充分保护数据主体权利，[2]但是，为了保障实践中数据跨境业务能够有效进行，又设置了两种出境途径：一是达到欧盟“充分性认定”和“适当保障措施”的标准；二是例外规定，包括跨境转移是基于保护公共利益等重要理由，[3]但是根据欧盟委员会的解释，例外规定不应适用于“常态”“持续”的数据对外转移的情况[4]。这就意味着，如果是跨境诊疗、跨境医学研究这类数据量不大、不具有重复性且为了公共利益的健康医疗数据跨境活动，即便未获得“充分性认定”和采取适当的“保护措施”依然可以出境。

从美欧的规制实践可以看出，美国在数据跨境方面的政府规制举措和卫生健康行业规范内容，美国在划定了一个较低的安全基线的基础上，让其更加有效地利用数据，从而保持国际竞争优势。在“风险控制”和“产业促进”之间，欧盟规制举措尝试在寻找其中的“最优解”，对于符合其规制理念的国家和地区，采取宽松的规制策略。对于其他国家和地区，则严格要求“风险控制”，但是允许小范围、小频率、符合公共利益的数据跨境活动。对比美欧的经验，中国关于健康医疗数据跨境、数据出境的规则显然要严于美国，同时也严于欧盟，目前没有针对健康医疗数据跨境进行例外规定，也缺乏寻找关于“风险控制”与“行业促进”之间“中间值”的探索实践。现行的《人类遗传资源管理条例》《人口健康信息管理办法（试行）》还限制部分类型的健康医疗数据出境活动。在全球数字经济不断发展的背景下，健康医

---

[1] Interoperable EHRs at user edge | InteropEHRate Project, European Commission official website, https://cordis.europa.eu/project/id/826106.

[2] C. Tikkinen-Piri, A. Rohunen & J. Markkula, *EU General Data Protection Regulation: Changes and implications for personal data collecting companies*, Computer Law & Security Review 34(1), 2018, p. 134－153.

[3] See General Data Protection Regulation, Art. 49.

[4] See Guidelines 2/2018 on Derogations of Article 49 under Regulation 2016/679, EDPB official website, https://edpb.europa.eu/sites/default/files/files/filel/edpb_guidelines_2_2018_derogations_en.pdf.

疗数据跨境的场景不断丰富、类型不断增多和数量不断增加,这种“严格限制”的规制思路事实上导致规制本身也成为行业负外部性的重要来源,[1]不适用分类繁杂的健康医疗数据规制实践、不利于医疗行业的发展、并不当然符合国家发展要求。

习近平总书记指出:“网络信息是跨国界流动的,信息流引领技术流、资金流、人才流,信息资源日益成为重要生产要素和社会财富,信息掌握的多寡成为国家软实力和竞争力的重要标志。”[2]以出境数据分类分级、全流程处理合规、加强权益保护的系统思维引导规则制定的合理化、科学化,从而维持健康医疗数据跨境安全风险与发展需求之间的动态平衡。数据跨境存在的安全风险不应当被看作不可突破的“封闭堡垒”。健康医疗数据跨境规则应当是变化的、动态调整的,应以不同数据类型作不同观察,安全基线要保证,但更应考虑数据流动具有的“乘数效应”,支撑健康医疗数据跨境活动有序开展,具体而言,包括如下方向。

第一,“风险防控”不应失位,对于具有较高安全风险的基因数据或者是人类遗传信息仍然采取严格的出境限制要求,坚守安全底线;对于健康医疗数据处理者在数据出境管理方面存在的不足,应引导其正确建设跨境数据库,保障其跨境活动安全合规。第二,健康医疗数据跨境流动活动的开展是基于社会公共利益而非经济效益,其有利于促进我国医疗技术发展,增加广大患者的福祉,应医疗行业发展的需要,可以考虑放开对跨境诊疗、跨境医学研究等健康医疗数据跨境场景的“风险控制”,在原有规制规则上适当放宽相应标准。第三,应注意数据跨境流动对国家发展和国际竞争具有重要作用,健康医疗数据跨境流动也有利于加强国际合作。第四,健康医疗数据

---

〔1〕冯辉:《地方金融的央地协同治理及其法治路径》,载《法学家》2021年第5期。

〔2〕习近平:《总体布局统筹各方创新发展努力把我国建设成为网络强国》,载《光明日报》2014年2月28日,第1版。

处理者应有序开展健康医疗数据跨境活动,将数据跨境安全与业务实践情况紧密结合起来,识别医疗数据性质与类型,确定医疗数据责任主体,整合医疗数据合规要求,并密切关注自身合规义务的履行情况,确保健康医疗数据有序流动,逐步明确健康医疗数据处理者的合规要求,适度认可健康医疗数据处理者在数据出境方面的合理需求,"可以尽量使得立法趋于克制,让出更多的私法自治空间同时降低企业及社会的管理成本。"[1]对"风险控制"和"行业促进"两个方向的利益诉求进行准确衡量,适应健康医疗数据本身的"强公共属性"和"强人格属性"和在跨境业务场景的实际状况,实现有效的制度安排。

---

〔1〕 万方:《个人信息处理中的"同意"与"同意撤回"》,载《中国法学》2021 年第 1 期;赵精武:《数据跨境传输中标准化合同的构建基础与监管转型》,载《法律科学(西北政法大学学报)》2022 年第 2 期。

# 第四章　全球健康医疗数据跨境流动规制现状

## 第一节　国际：健康医疗数据跨境缺少国际规范机制

在数据的战略价值凸显的时代背景下，数据跨境活动不仅关乎个人数据安全或者商业数据的有效利用，更关乎"国家安全"和"国际政治博弈"。[1] 除了国家监管部门从国内数据出境的视角优化规制举措外，健康医疗数据跨境活动的安全有序开展还需要国家力量推动国际规范流通渠道的构建。目前，国际规范流通渠道存在三个方面的障碍。

第一，在全球数据跨境流动规制方面，目前 WTO 正在对包含数据跨境流动、数据本地化、个人信息保护等具体事项的电子商务规则进行谈判，但总体进展缓慢。[2] 各国关于数据跨境的理念、目的、方式存在严重分歧且难

---

〔1〕 赵精武：《数据跨境传输中标准化合同的构建基础与监管转型》，载《法律科学（西北政法大学学报）》2022 年第 2 期。

〔2〕 洪延青：《数据竞争的美欧战略立场及中国因应——基于国内立法与经贸协定谈判双重视角》，载《国际法研究》2021 年第 6 期。

以弥合。[1]

第二,在区域合作层面,我国与欧美等大型数字经济体未建立合作渠道。对于欧盟来说,中国不属于其认定的在数据安全方面达到"充分性保护"要求的国家,欧盟与中国之间目前尚不存在通畅的数据跨境规范机制。[2] 对于美国及其他相关国家而言,2022年4月,美国、加拿大、日本、韩国等7个"亚太经济合作"(APEC)会员,共同发布"全球跨境隐私规则"体系宣言(Global Cross-Border Privacy Rules Declaration)。拟退出原有APEC跨境隐私规则(CBPR)体系,加入新成立的"全球跨境隐私规则论坛"(Global Cross-Border Privacy Rules Forum)。但是,本属于"亚洲""太平洋"等区域的数据跨境协议,作为相应区域内重要数字经济体之一的中国却被排除在外,"全球跨境隐私规则"由此成为单边主义和保护主义的代表,与大型数字经济体数据跨境方面的合作缺失不利于正当可控的数据跨境流动活动的实现。[3]

第三,中国已有的数据跨境协议中,未有针对健康医疗数据的合作机制。中国是《区域全面经济伙伴关系协定》(RCEP)的签署国,该协定中有关于数据跨境的条款内容,但主要是对电子商务数据和金融数据这一类强调经济诉求的数据跨境活动进行规范,未对健康医疗数据这类公共属性较强的数据跨境活动进行规范。

---

〔1〕 谭观福:《数字贸易中跨境数据流动的国际法规制》,载《比较法研究》2022年第3期。

〔2〕 截至目前,欧盟委员会已认定安道尔、阿根廷、加拿大(仅适用于商业机构)、法罗群岛、根西岛、以色列、马恩岛、泽西岛、新西兰、瑞士、乌拉圭、日本、韩国以及英国具有同等保护水平。See Adequacy decisions, How the EU determines if a non-EU country has an adequate level of data protection, European Commission official website, https://ec.europa.eu/info/law/law-topic/data-protection/international-dimension-data-protection/adequacy-decisions_en.

〔3〕 刘金瑞:《迈向数据跨境流动的全球规制:基本关切与中国方案》,载《行政法学研究》2022年第4期。

## 第二节　美国:鼓励流动与“阴影”风险

在个人信息保护与数据安全方面,美国一贯秉持追求数据处理高自由度和促进数据向美国聚集的理念,一直未出台综合性的个人信息、个人数据保护法,强调数据流动自由、推动数据汇聚,主要采取了政府监管为主、行业规范为辅的数据跨境规则[1]。

在政府监管层面,美国关于数据跨境的国家层面监管主要集中在两个方向,第一,加强对外获取数据的能力。2018 年 3 月,美国国会快速通过《云法案》,美国司法部在云法案白皮书中说明,只要境外的公司在经营活动中与美国存在足够的联系,便足以触发美国法律的管辖权,最大限度地扩张美国政府执法调取数据的广度[2]。第二,限制重要类型的数据出境,如《出口管理条例》(EAR):严格限制特定技术数据出境。《外商投资风险审查现代化法案》(FIRRMA)对国外资本在美投资关键基础设施以及与敏感个人信息相关的基因、生物等行业严格审查限制[3]。

在卫生健康行业方面,1996 年通过的 HIPAA 是美国在个人健康医疗数据层面上的主要联邦法律[4],该法第二章包含的“隐私规则”(Privacy Rule)

---

〔1〕 参见冯洁菡、周濛:《跨境数据流动规制:核心议题、国际方案及中国因应》,载《深圳大学学报(人文社会科学版)》2021 年第 4 期。

〔2〕 See U. S. Department of Justice. Promoting Public Safety, Privacy, and the Rule of Law Around the World: The Purpose and Impact of the CLOUD Act, https://www. justice. gov/dag/page/file/1153436/download.

〔3〕 李晓楠、宋阳:《国家安全视域下数据出境审查规则研究》,载《情报杂志》2021 年第 10 期。

〔4〕 蔡宏伟、龚赛红:《HIPAA 法案健康信息隐私保护借鉴研究》,载《中国社会科学院研究生院学报》2017 年第 5 期。

首次在美国确立了一套保护医疗健康数据的国家标准[1]。在数据跨境方面,该法对个人健康医疗数据披露和使用的规定值得参考和借鉴。HIPAA的信息披露与使用规则明确HIPAA涵盖实体必须披露和可以披露受保护信息的情况。被涵盖的实体在两种情况下必须披露受保护的信息:其一为信息来源者本人或其代理人要求向其披露;其二为卫生与公共服务部进行合规调查、审查或执法时可要求披露,该种情况数量较多,其中主要有两类:一是将受保护信息用于自身的治疗、付款和保健业务;二是用于公共卫生活动、研究、司法和执法等12项国家公益活动。除了必须和准许披露的情况外,HIPAA涵盖实体对受保护信息的披露必须取得当事人的书面授权,否则不得披露。相关实体也不得将授权作为给予当事人待遇、付款、登记或福利资格的条件。HIPAA还要求受保护信息在披露和使用时遵循最低限度原则,即披露和使用必须基于实现其目的所需的最低限度。

HIPAA较为宽松的信息披露与使用规则也存在相应的漏洞,第三方可以绕过HIPAA的规制,获取与受保护信息类似甚至相同的个人健康医疗信息,这被称为"阴影健康记录"(Shadow Health Records)[2]。由于HIPAA不保护去识别化信息,进行数据处理的医疗机构可以将去识别化的个人信息出售给第三方,第三方将不受HIPAA规制的外部数据还原为原始信息,从而能够在没有授权的情况下获取HIPAA本该保护的信息[3]。此外,患者本人在获取和使用其个人健康医疗信息的过程中也可能造成信息泄露,而这是HIPAA所无法避免的。除了HIPAA自身机制存在的漏洞,HIPAA较为有限

---

〔1〕 See HSS Health Information Privacy: Summary of the HIPAA Privacy Rule, https://www.hhs.gov/hipaa/for-professionals/privacy/laws-regulations/index.html.

〔2〕 W. N. Price 2nd & I. G. Cohen, *Privacy in The Age of Medical Big Data*, Nature Medicine 25(1), 2019, p. 37-43.

〔3〕 W. N. Price 2nd & I. G. Cohen, *Privacy in The Age of Medical Big Data*, Nature Medicine 25(1), 2019, p. 37-43.

的涵盖实体类型和受保护的信息类型使得其在面对新的信息种类时无法进行应对。许多近年来出现的、不受 HIPAA 规制的信息，如智能穿戴设备和手机软件的健康监测信息、网站浏览历史、购物记录、社交网络动态等均可反映个体的健康状况，基因检测机构甚至可以直接通过技术获取客户的各种健康信息，而这些信息的披露和使用均不受 HIPAA 的限制。值得注意的是，该法对医疗健康数据流动的规制，主要着眼于保护当事人的隐私，并没有在国家安全层面上进行进一步规制。

## 第三节　欧盟："内松外紧"与例外规定

在数据跨境方面，欧盟秉持对个人信息保护和数据处理活动严格规范、充分保护数据主体权利的基本原则[1]。1995 年欧盟《个人数据保护指令》就数据跨境流动问题进行了专门规定，确立了"充分保护原则"。2016 年通过的 GDPR 对欧盟境内个人数据向欧盟境外传输有着严格的管控，强调欧盟不允许将其公民的个人数据转移至那些不能提供充分保护的地区或国家，并明确了"充分性保护"的具体要求，包括地区或国家的真实法治状况、对人权和基本自由的尊重程度、相关综合性立法和专门行业立法以及立法的实施状况、是否存在掌握足够权力且有效运行的专门规制机构、是否加入关于

〔1〕 C. Tikkinen-Piri, A. Rohunen & J. Markkula, *EU General Data Protection Regulation: Changes And Implications For Personal Data Collecting Companies*, Computer Law & Security Review 34 (1), 2018, p. 134 – 153.

个人数据保护的国际条约或多边协定并在该领域负有国际法上的义务[1]。同时,根据 GDPR 的要求,对于显示民族和种族背景的基因数据以及与自然人相关的健康数据属于特殊类型的数据,通常而言禁止进行数据处理活动。

GDPR 虽然严格把控数据跨境流动,但为了保障实践中数据跨境业务能够有效进行,又设置了两种出境途径。其一,对于未达到欧盟“充分性认定标准”的国家,通过设置适当保障制度,为非“白名单”国家或地区提供相应的可替代性途径。考虑到获得欧盟充分性认定的国家毕竟是少数,大多数情况下个人数据会被转移至未被欧盟认可具有“足够的数据保护水平”的国家或地区。当传输目的地没有获得充分性认定,但能够提供适当的措施来保护数据主体的权利和自由,且数据主体可以申请法律救济,那么向其传输数据也是被允许的。这些保障措施包括以下八项:(1)公共当局或机构之间有具备法律约束力和执行力的文书。(2)约束性企业规则。(3)欧盟委员会通过的标准数据保护条款。(4)监管机构通过并经欧盟委员会核准的标准数据保护条款。(5)经核准的行为守则,以及具有约束力和执行力的由第三国控制者/处理者给出的采取适当保障措施和保护数据主体权利的承诺。(6)经核准的认证机制,以及具有约束力和执行力的由第三国控制者/处理者给出的采取适当保障措施和保护数据主体权利的承诺。(7)控制者/处理者与第三国或国际组织的控制者/处理者/接收者之间的合同条款。(8)在公共当局或机构间的行政安排中加入的规定,其中包括可执行和有效的数据主体权利[2]。

---

〔1〕 截至目前,欧盟委员会已认定安道尔、阿根廷、加拿大(仅适用于商业机构)、法罗群岛、根西岛、以色列、马恩岛、泽西岛、新西兰、瑞士、乌拉圭、日本、韩国以及英国具有同等保护水平。See European Commission, Adequacy decisions, How the EU determines if a non-EU country has an adequate level of data protection, https://ec. europa. eu/info/law/law-topic/data-protection/international-dimension-data-protection/adequacy-decisions_en.

〔2〕 See General Data Protection Regulation, Art. 46, Art. 47.

其二，对于未能达到欧盟“充分性认定”和“适当保障措施”的标准，还设定了相应的例外情况，包括：（1）数据主体明确同意将其个人数据转移至欧洲经济区以外的地方，且前提是数据转移可能产生的潜在风险已经如实告知数据主体；（2）数据跨境转移是为了履行数据主体作为一方的合同义务所必需，或者合同虽不是数据主体一方签署，但是该合同是代表数据主体利益签署的；（3）数据跨境转移是为了基于保护公共利益的重要理由；（4）数据跨境转移是为了建立、行使或抗辩法律主张；（5）数据跨境转移是为了保护数据主体的重大利益；（6）跨境传送公共注册登记机构的部分数据〔1〕。但是根据欧盟委员会的解释，例外情况不应适用于“常态”“持续”的数据对外转移的情况〔2〕。

总体而言，GDPR 在数据跨境方面尝试做出维系跨境业务需求与数据安全保护之间的平衡，对数据跨境流动进行严格规制，但是在健康医疗数据的出境上，GDPR 做出了一定的豁免，如果是数据量不大、不是重复性为了公共利益，对于保障医疗质量和安全、医疗产品或医疗设备的高质量和安全来说是必要的医疗数据转移，即便未获得“充分性认定”和采取适当的“保护措施”也依然可以出境，比如，进行某项国际医疗科学研究或者某一种医疗设备/药品的测试，只要其数据转移不是“常规”或者“持续”的情况，就可以实现医疗数据合规跨境流动。

---

〔1〕 See General Data Protection Regulation, Art. 49.

〔2〕 See EDPB, Guidelines 2/2018 on Derogations of Article 49 under Regulation 2016/679, https://edpb.europa.eu/sites/default/files/files/filel/edpb_guidelines_2_2018_derogations_en.pdf.

# 第五章　中国健康医疗数据跨境流动规制面临的主要问题

## 第一节　健康医疗数据跨境规制体系不健全

### 一、法律层面现有规定

在数字化的时代浪潮下，我国高度重视数据、信息制度建设，近年来制定、颁布了多部涉数据、信息的法律法规，构筑了"四位一体"的数据基础立法体系框架，也即以《数据安全法》《网络安全法》《个人信息保护法》《民法典》四部法律作为数据领域安全、健康、可持续发展的基本制度。其中，关于数据跨境，《数据安全法》《网络安全法》《个人信息保护法》三部法律均有涉及。但是，针对健康医疗数据而言，仅有《个人信息保护法》明确涉及，第28条第1款明确了医疗健康信息属于"敏感个人信息"，适用于"敏感个人信息"的处理规则。[1] 然而，对于健康医疗数据跨境而言，由

---

〔1〕《个人信息保护法》第28条第1款规定：敏感个人信息是一旦泄露或者非法使用，容易导致自然人的人格尊严受到侵害或者人身、财产安全受到危害的个人信息，包括生物识别、宗教信仰、特定身份、医疗健康、金融账户、行踪轨迹等信息，以及不满十四周岁未成年人的个人信息。

于《个人信息保护法》本身并没有在个人信息跨境规则中区分敏感个人信息和非敏感个人信息，仅是作了个人信息跨境的一般性规定，因此医疗健康数据的跨境规则实际上仍然处于未知状态，留待国家网信部门出台规定予以明确。[1]《数据安全法》和《网络安全法》并未直接提及健康医疗数据，但是《数据安全法》适用于境内数据处理活动及安全监管，[2]《网络安全法》规制境内建设、运营、维护和使用网络及安全监管，[3]健康医疗数据作为"数据"的一种，健康医疗数据跨境活动也涉及网络使用，因此也可能纳入两部法律的调整范围。就数据跨境方面而言，《网络安全法》明确规定跨境的主体是"关键信息基础设施运营者"，要求关键信息基础设施运营者履行数据本地化存储、数据跨境安全评估职责。[4]《数据安全法》也区分了"关键信息基础设施运营者"和"其他数据处理者"，要求"关键信息基础设施运营者"在"重要数据"跨境中遵守《网络安全法》的规定，"其他数据处理者"在"重要数据"跨境中遵守网信部门的相关规定。[5]可以发现，从规制主体的角度来看，两部法律的主体范畴理论上基本覆盖了数据处理主体。但是，从规制客体来看，两部法律仅指引了"重要数

---

〔1〕《个人信息保护法》第38条第1款规定：个人信息处理者因业务等需要，确需向中华人民共和国境外提供个人信息的，应当具备下列条件之一：(一)依照本法第四十条的规定通过国家网信部门组织的安全评估；(二)按照国家网信部门的规定经专业机构进行个人信息保护认证；(三)按照国家网信部门制定的标准合同与境外接收方订立合同，约定双方的权利和义务；(四)法律、行政法规或者国家网信部门规定的其他条件。

〔2〕《数据安全法》第2条规定：在中华人民共和国境内开展数据处理活动及其安全监管，适用本法。在中华人民共和国境外开展数据处理活动，损害中华人民共和国国家安全、公共利益或者公民、组织合法权益的，依法追究法律责任。

〔3〕《网络安全法》第2条规定：在中华人民共和国境内建设、运营、维护和使用网络，以及网络安全的监督管理，适用本法。

〔4〕《网络安全法》第37条规定：关键信息基础设施的运营者在中华人民共和国境内运营中收集和产生的个人信息和重要数据应当在境内存储。因业务需要，确需向境外提供的，应当按照国家网信部门会同国务院有关部门制定的办法进行安全评估；法律、行政法规另有规定的，依照其规定。

〔5〕《数据安全法》第31条规定：关键信息基础设施的运营者在中华人民共和国境内运营中收集和产生的重要数据的出境安全管理，适用《中华人民共和国网络安全法》的规定；其他数据处理者在中华人民共和国境内运营中收集和产生的重要数据的出境安全管理办法，由国家网信部门会同国务院有关部门制定。

据”跨境的路径方向，对于“重要数据”如何认定并未予以说明，且对于“非重要数据”跨境如何规制未曾提及，存在客体规制范畴不完整的缺陷。

健康医疗领域，《生物安全法》中对于人类遗传资源出境进行了规定。具体而言，该法明确了将我国人类遗传资源材料运送、邮寄、携带出境的，应当经国务院科学技术主管部门批准；将我国人类遗传资源信息向境外组织、个人及其设立或者实际控制的机构提供或者开放使用的，应当向国务院科学技术主管部门事先报告并提交信息备份；境外组织、个人及其设立或者实际控制的机构不得在我国境内采集、保藏、向境外提供我国人类遗传资源。[1] 综上，法律层面，明确涉及健康医疗数据跨境的是《个人信息保护法》中有关“敏感个人信息”的规定以及《生物安全法》中有关“人类遗传资源”的规定，其他法律在健康医疗领域的适用范围和适用强度还有待明确。

## 二、行政规章、部门规章层面现有规定

上述法律层面的制度主要构建了个人信息、数据跨境方面的基础框

[1] 《生物安全法》第56条规定：从事下列活动，应当经国务院科学技术主管部门批准：(一)采集我国重要遗传家系、特定地区人类遗传资源或者采集国务院科学技术主管部门规定的种类、数量的人类遗传资源；(二)保藏我国人类遗传资源；(三)利用我国人类遗传资源开展国际科学研究合作；(四)将我国人类遗传资源材料运送、邮寄、携带出境。前款规定不包括以临床诊疗、采供血服务、查处违法犯罪、兴奋剂检测和殡葬等为目的采集、保藏人类遗传资源及开展的相关活动。为了取得相关药品和医疗器械在我国上市许可，在临床试验机构利用我国人类遗传资源开展国际合作临床试验、不涉及人类遗传资源出境的，不需要批准；但是，在开展临床试验前应当将拟使用的人类遗传资源种类、数量及用途向国务院科学技术主管部门备案。境外组织、个人及其设立或者实际控制的机构不得在我国境内采集、保藏我国人类遗传资源，不得向境外提供我国人类遗传资源。

第57条规定：将我国人类遗传资源信息向境外组织、个人及其设立或者实际控制的机构提供或者开放使用的，应当向国务院科学技术主管部门事先报告并提交信息备份。

架，更多具体规则授权给了相关主管部门进一步明确。[1] 目前，国家网信部门是数据、信息主管部门，其于 2019 年 6 月发布了《个人信息出境安全评估办法（征求意见稿）》、于 2021 年 12 月发布了《网络安全审查办法》、于 2022 年 7 月发布了《数据出境安全评估办法》、于 2023 年 2 月发布了《个人信息出境标准合同办法》。在上述制度中，《个人信息出境安全评估办法（征求意见稿）》并未明确提及“敏感个人信息”的出境规则，而是统一规定“网络运营者向境外提供在中华人民共和国境内运营中收集的个人信息，应当按照本办法进行安全评估。”[2]《网络安全审查办法》第 10 条将“核心数据、重要数据或者大量个人信息被窃取、泄露、毁损以及非法利用、非法出境的风险”视为需要重要评估的涉国家安全风险，但是对于“重要数据”的认定尚未有统一标准。[3]《数据出境安全评估办法》规定了重要数据和个人信息的出境安全评估，明确了“自上年 1 月 1 日起累计向境外提供 10 万人个人信息或者 1 万人敏感个人信息的数据处理者向境外提供个人信息”应当通过所在地省级网信部门向国家网信部门申报数据出

---

〔1〕《数据安全法》第 31 条规定：关键信息基础设施的运营者在中华人民共和国境内运营中收集和产生的重要数据的出境安全管理，适用《中华人民共和国网络安全法》的规定；其他数据处理者在中华人民共和国境内运营中收集和产生的重要数据的出境安全管理办法，由国家网信部门会同国务院有关部门制定。《个人信息保护法》第 38 条规定：个人信息处理者因业务等需要，确需向中华人民共和国境外提供个人信息的，应当具备下列条件之一：（一）依照本法第四十条的规定通过国家网信部门组织的安全评估；（二）按照国家网信部门的规定经专业机构进行个人信息保护认证；（三）按照国家网信部门制定的标准合同与境外接收方订立合同，约定双方的权利和义务；（四）法律、行政法规或者国家网信部门规定的其他条件。

〔2〕《个人信息出境安全评估办法（征求意见稿）》第 2 条第 1 款规定：网络运营者向境外提供在中华人民共和国境内运营中收集的个人信息（以下称个人信息出境），应当按照本办法进行安全评估。经安全评估认定个人信息出境可能影响国家安全、损害公共利益，或者难以有效保障个人信息安全的，不得出境。

〔3〕《网络安全审查办法》第 10 条规定：网络安全审查重点评估相关对象或者情形的以下国家安全风险因素：（一）产品和服务使用后带来的关键信息基础设施被非法控制、遭受干扰或者破坏的风险；（二）产品和服务供应中断对关键信息基础设施业务连续性的危害；（三）产品和服务的安全性、开放性、透明性、来源的多样性，供应渠道的可靠性以及因为政治、外交、贸易等因素导致供应中断的风险；（四）产品和服务提供者遵守中国法律、行政法规、部门规章情况；（五）核心数据、重要数据或者大量个人信息被窃取、泄露、毁损以及非法利用、非法出境的风险；（六）上市存在关键信息基础设施、核心数据、重要数据或者大量个人信息被外国政府影响、控制、恶意利用的风险，以及网络信息安全风险；（七）其他可能危害关键信息基础设施安全、网络安全和数据安全的因素。

境安全评估，但是对于“1 万人敏感个人信息”量级以下的数据跨境并未进行规定。[1] 随后，《个人信息出境标准合同办法》进一步明确了《个人信息保护法》规定的个人信息跨境基础规则，该办法第 4 条明确了可以通过标准合同方式进行个人信息跨境的四个需同时符合的条件，其中一个条件则是“自上年 1 月 1 日起累计向境外提供敏感个人信息不满 1 万人的”。[2] 综合上述制度规定，从《个人信息保护法》将健康医疗数据视为“敏感个人信息”的立法脉络出发，观察到现有制度是通过数量级来构建敏感个人信息的跨境规则。目前《个人信息出境标准合同办法》和《数据出境安全评估办法》合体使用可以覆盖敏感个人信息不同量级，敏感信息不满 1 万人的可以通过标准合同的方式进行跨境，敏感信息超过 1 万人的则可以通过安全评估方式跨境。

随着信息技术的发展，健康医疗领域也有一些关于数据、信息化的规定，例如《电子病历应用管理规范（试行）》《临床试验数据管理工作技术指南》《药物临床试验数据现场核查要点》《互联网诊疗管理办法（试行）》《互联网医院管理办法（试行）》《远程医疗服务管理规范（试行）》等规章制度。但是，其中仅有少数涉及数据跨境，主要是《医疗卫生机构网络安全管理办法》《人类遗传资源管理条例》《药品管理法实施条例（征求意见稿）》等规定。

人类遗传资源数据方面，2019 年 5 月国务院发布的《人类遗传资源管理条例》明确将人体基因组、基因等遗传物质的器官、组织、细胞等产生的信息

---

〔1〕《数据出境安全评估办法》第 4 条规定：数据处理者向境外提供数据，有下列情形之一的，应当通过所在地省级网信部门向国家网信部门申报数据出境安全评估：（一）数据处理者向境外提供重要数据；（二）关键信息基础设施运营者和处理 100 万人以上个人信息的数据处理者向境外提供个人信息；（三）自上年 1 月 1 日起累计向境外提供 10 万人个人信息或者 1 万人敏感个人信息的数据处理者向境外提供个人信息；（四）国家网信部门规定的其他需要申报数据出境安全评估的情形。

〔2〕《个人信息出境标准合同办法》第 4 条规定：个人信息处理者通过订立标准合同的方式向境外提供个人信息的，应当同时符合下列情形：（一）非关键信息基础设施运营者；（二）处理个人信息不满 100 万人的；（三）自上年 1 月 1 日起累计向境外提供个人信息不满 10 万人的；（四）自上年 1 月 1 日起累计向境外提供敏感个人信息不满 1 万人的。

纳入规制范围,[1]明确了"外国组织、个人及其设立或者实际控制的机构不得在我国境内采集、保藏我国人类遗传资源,不得向境外提供我国人类遗传资源",[2]也即对于这类主体明确封闭数据跨境的合法路径。同时,《人类遗传资源管理条例》对利用我国人类遗传资源开展国际合作和科学研究的两种数据跨境情形进行了规制,若国际合作临床试验不涉及人类遗传资源材料出境的不需要审批但需要向相关部门进行备案,若出境则须取得国务院科学技术行政部门出具的人类遗传资源材料出境证明,否则将受到相应的行政处罚。[3] 需要注意的是,《人类遗传资源管理条例》规定了若是将人

---

〔1〕《人类遗传资源管理条例》第2条规定:本条例所称人类遗传资源包括人类遗传资源材料和人类遗传资源信息。人类遗传资源材料是指含有人体基因组、基因等遗传物质的器官、组织、细胞等遗传材料。人类遗传资源信息是指利用人类遗传资源材料产生的数据等信息资料。

〔2〕《人类遗传资源管理条例》第7条规定:外国组织、个人及其设立或者实际控制的机构不得在我国境内采集、保藏我国人类遗传资源,不得向境外提供我国人类遗传资源。

〔3〕《人类遗传资源管理条例》第22条规定:利用我国人类遗传资源开展国际合作科学研究的,应当符合下列条件,并由合作双方共同提出申请,经国务院科学技术行政部门批准:(一)对我国公众健康、国家安全和社会公共利益没有危害;(二)合作双方为具有法人资格的中方单位、外方单位,并具有开展相关工作的基础和能力;(三)合作研究目的和内容明确、合法,期限合理;(四)合作研究方案合理;(五)拟使用的人类遗传资源来源合法,种类、数量与研究内容相符;(六)通过合作双方各自所在国(地区)的伦理审查;(七)研究成果归属明确,有合理明确的利益分配方案。为获得相关药品和医疗器械在我国上市许可,在临床机构利用我国人类遗传资源开展国际合作临床试验、不涉及人类遗传资源材料出境的,不需要审批。但是,合作双方在开展临床试验前应当将拟使用的人类遗传资源种类、数量及其用途向国务院科学技术行政部门备案。国务院科学技术行政部门和省、自治区、直辖市人民政府科学技术行政部门加强对备案事项的监管。

第27条规定:利用我国人类遗传资源开展国际合作科学研究,或者因其他特殊情况确需将我国人类遗传资源材料运送、邮寄、携带出境的,应当符合下列条件,并取得国务院科学技术行政部门出具的人类遗传资源材料出境证明:(一)对我国公众健康、国家安全和社会公共利益没有危害;(二)具有法人资格;(三)有明确的境外合作方和合理的出境用途;(四)人类遗传资源材料采集合法或者来自合法的保藏单位;(五)通过伦理审查。利用我国人类遗传资源开展国际合作科学研究,需要将我国人类遗传资源材料运送、邮寄、携带出境的,可以单独提出申请,也可以在开展国际合作科学研究申请中列明出境计划一并提出申请,由国务院科学技术行政部门合并审批。将我国人类遗传资源材料运送、邮寄、携带出境的,凭人类遗传资源材料出境证明办理海关手续。

第38条规定:违反本条例规定,未经批准将我国人类遗传资源材料运送、邮寄、携带出境的,由海关依照法律、行政法规的规定处罚。科学技术行政部门应当配合海关开展鉴定等执法协助工作。海关应当将依法没收的人类遗传资源材料移送省、自治区、直辖市人民政府科学技术行政部门进行处理。

第41条规定:外国组织、个人及其设立或者实际控制的机构违反本条例规定,在我国境内采集、保藏我国人类遗传资源,利用我国人类遗传资源开展科学研究,或者向境外提供我国人类遗传资源的,由国务院科学技术行政部门责令停止违法行为,没收违法采集、保藏的人类遗传资源和违法所得,处100万元以上1000万元以下罚款,违法所得在100万元以上的,处违法所得5倍以上10倍以下罚款。

类遗传资源信息向外国组织、个人及其设立或者实际控制的机构提供或者开放使用，可能影响我国公众健康、国家安全和社会公共利益的，应当通过国务院科学技术行政部门组织的安全审查。[1] 2023年5月科学技术部制定了《人类遗传资源管理条例实施细则》，进一步明确了仅有中方单位可以在我国境内采集、保藏我国人类遗传资源或者向境外提供我国人类遗传资源，并进一步明确了"境外组织、个人设立或者实际控制的机构"这类禁止行为主体的范围。[2] 同时，进一步明确了将人类遗传资源信息向境外组织、个人及其设立或者实际控制的机构提供或者开放使用所需要向相关部门报送的具体信息。[3] 这些内容在《生物安全法》中也有所体现。

药品数据方面，2022年5月国家药品监督管理局发布的《药品管理法实施条例（征求意见稿）》中对境外数据在药品上市许可中的效力进

---

[1] 《人类遗传资源管理条例》第28条第1款规定：将人类遗传资源信息向外国组织、个人及其设立或者实际控制的机构提供或者开放使用，不得危害我国公众健康、国家安全和社会公共利益；可能影响我国公众健康、国家安全和社会公共利益的，应当通过国务院科学技术行政部门组织的安全审查。

[2] 《人类遗传资源管理条例实施细则》第11条规定：在我国境内采集、保藏我国人类遗传资源或者向境外提供我国人类遗传资源，必须由我国科研机构、高等学校、医疗机构或者企业（以下称中方单位）开展。设在港澳的内资实控机构视为中方单位。境外组织及境外组织、个人设立或者实际控制的机构（以下称外方单位）以及境外个人不得在我国境内采集、保藏我国人类遗传资源，不得向境外提供我国人类遗传资源。第12条规定：本实施细则第十一条所称境外组织、个人设立或者实际控制的机构，包括下列情形：（一）境外组织、个人持有或者间接持有机构百分之五十以上的股份、股权、表决权、财产份额或者其他类似权益；（二）境外组织、个人持有或者间接持有机构的股份、股权、表决权、财产份额或者其他类似权益不足百分之五十，但其所享有的表决权或者其他权益足以对机构的决策、管理等行为进行支配或者施加重大影响；（三）境外组织、个人通过投资关系、协议或者其他安排，足以对机构的决策、管理等行为进行支配或者施加重大影响；（四）法律、行政法规、规章规定的其他情形。

[3] 《人类遗传资源管理条例实施细则》第36条规定：将人类遗传资源信息向境外组织、个人及其设立或者实际控制的机构提供或者开放使用的，中方信息所有者应当向科技部事先报告并提交信息备份。向科技部事先报告应当报送下列事项信息：（一）向境外组织、个人及其设立或者实际控制的机构提供或者开放使用我国人类遗传资源信息的目的、用途；（二）向境外组织、个人及其设立或者实际控制的机构提供或者开放使用我国人类遗传资源信息及信息备份情况；（三）接收人类遗传资源信息的境外组织、个人及其设立或者实际控制的机构的基本情况；（四）向境外组织、个人及其设立或者实际控制的机构提供或者开放使用对我国人类遗传资源保护的潜在风险评估情况。已取得行政许可的国际科学研究合作或者已完成备案的国际合作临床试验实施过程中，中方单位向外方单位提供合作产生的人类遗传资源信息的，如国际合作协议中已约定由合作双方使用，不需要单独事先报告和提交信息备份。

行了规定,“申请人在境外取得的临床试验数据,符合国务院药品监督管理部门规定要求的,可用于药品上市许可申请。境外企业在境内进行的国际多中心药物临床试验,符合相关要求的,临床试验数据可用于药品上市许可申请。”[1]从这个规定来看,相较于在人类遗传资源数据方面的严格限制,我国曾倾向于在药品数据方面的跨境限制稍宽,境外企业在药品临床试验领域拥有一定的合法活动空间,境外数据被一定程度接纳和认可,虽然在正式稿中删除了本规定,但反映了行业实践中对数据跨境的放宽需求。

医疗机构产生的数据方面,2022 年 8 月,国家卫生健康委员会、国家中医药局、国家疾控局联合印发了《医疗卫生机构网络安全管理办法》,其将“医疗卫生机构通过网络收集、存储、传输、处理和产生的各种电子数据,包括但不限于各类临床、科研、管理等业务数据、医疗设备产生的数据、个人信息以及数据衍生物”都纳入了调整范围,[2]规定“各医疗卫生机构应加强数据收集、存储、传输、处理、使用、交换、销毁全生命周期安全管理工作,数据全生命周期活动应在境内开展,因业务确需向境外提供的,应当按照相关法律法规及有关要求进行安全评估或审核,对于影响或者可能影响国家安全的数据处理活动需提交国家安全审查,防止数据安全事

---

〔1〕《药品管理法实施条例(修订草案征求意见稿)》第 23 条规定:申请人在境外取得的临床试验数据,符合国务院药品监督管理部门规定要求的,可用于药品上市许可申请。境外企业在境内进行的国际多中心药物临床试验,符合相关要求的,临床试验数据可用于药品上市许可申请。《药品管理法实施条例》(2019 修订)未收入该部分内容。

〔2〕《医疗卫生机构网络安全管理办法》第 3 条规定:本办法所称的网络是指由计算机或者其他信息终端及相关设备组成的按照一定的规则和程序对信息进行收集、存储、传输、交换、处理的系统。

本办法所称的数据为网络数据,是指医疗卫生机构通过网络收集、存储、传输、处理和产生的各种电子数据,包括但不限于各类临床、科研、管理等业务数据、医疗设备产生的数据、个人信息以及数据衍生物。

本办法适用于医疗卫生机构运营网络的安全管理。未纳入区域基层卫生信息系统的基层医疗卫生机构参照执行。

件发生。"[1]该制度对医疗数据跨境并没有特别规定，只是强调了应当按照相关法律法规及有关要求进行。

从现有健康医疗领域涉及数据跨境的规章制度来看，我国针对人类遗传资源这类特殊的健康医疗信息进行了较为详细的跨境规定，并且采取了严格的数据跨境规制。对于其他类型的数据，例如管理等业务数据、医疗设备产生的数据等跨境则缺乏专门规定，而是笼统指引"应当按照相关法律法规及有关要求进行安全评估或审核"，"影响或者可能影响国家安全的数据

[1] 《医疗卫生机构网络安全管理办法》第22条规定：各医疗卫生机构应加强数据收集、存储、传输、处理、使用、交换、销毁全生命周期安全管理工作，数据全生命周期活动应在境内开展，因业务确需向境外提供的，应当按照相关法律法规及有关要求进行安全评估或审核，针对影响或者可能影响国家安全的数据处理活动需提交国家安全审查，防止数据安全事件发生。

(一)各医疗卫生机构应加强数据收集合法性管理，明确业务部门和管理部门在数据收集合法性中的主体责任。采取数据脱敏、数据加密、链路加密等防控措施，防止数据收集过程中数据被泄露。

(二)在数据分类分级的基础上，进一步明确不同安全级别数据的加密传输要求。加强传输过程中的接口安全控制，确保在通过接口传输时的安全性，防止数据被窃取。

(三)各医疗卫生机构应按照有关法规标准，选择合适的数据存储架构和介质在境内存储，并采取备份、加密等措施加强数据的存储安全。涉及到云上存储数据时，应当评估可能带来的安全风险。数据存储周期不应超出数据使用规则确定的保存期限。加强存储过程中访问控制安全、数据副本安全、数据归档安全管控。

(四)各医疗卫生机构应严格规定不同人员的权限，加强数据使用过程中的申请及批准流程管理，确保数据在可控范围内使用，加强日志留存及管理工作，杜绝篡改、删除日志的现象发生，防止数据越权使用。各数据使用部门和数据使用人须严格按照申请所述用途与范围使用数据，对数据的安全负责。未经批准，任何部门和个人不得将未对外公开的信息数据传递至部门外，不得以任何方式将其泄露。

(五)各医疗卫生机构发布、共享数据时应当评估可能带来的安全风险，并采取必要的安全防控措施；涉及数据上报时，应由数据上报提出方负责解读上报要求，确定上报范围和上报规则，确保数据上报安全可控。

(六)各医疗卫生机构开展人脸识别或人脸辨识时，应同时提供非人脸识别的身份识别方式，不得因数据主体不同意收集人脸识别数据而拒绝数据主体使用其基本业务功能，人脸识别数据不得用于除身份识别之外的其他目的，包括但不限于评估或预测数据主体工作表现、经济状况、健康状况、偏好、兴趣等。各医疗卫生机构应采取安全措施存储和传输人脸识别数据，包括但不限于加密存储和传输人脸识别数据，采用物理或逻辑隔离方式分别存储人脸识别和个人身份信息等。

(七)数据销毁时应采用确保数据无法还原的销毁方式，重点关注数据残留风险及数据备份风险。

处理活动需提交国家安全审查”。[1]

### 三、标准层面现有成果

上述是从强制性规则的角度对现有涉及健康医疗数据的规则体系予以分析。必须说明的是，除了强制性规则以外，还存在一些“软法”，如标准、行业规范、企业自律公约等，因其具有一定的团体共识性，也具有重要的参考意义和研究意义。

标准方面，现行直接规制“健康医疗数据”的标准仅有两个，一个是国家标准《信息安全技术　健康医疗数据安全指南》，对健康医疗数据安全措施

---

〔1〕《医疗卫生机构网络安全管理办法》第22条规定：各医疗卫生机构应加强数据收集、存储、传输、处理、使用、交换、销毁全生命周期安全管理工作，数据全生命周期活动应在境内开展，因业务确需向境外提供的，应当按照相关法律法规及有关要求进行安全评估或审核，针对影响或者可能影响国家安全的数据处理活动需提交国家安全审查，防止数据安全事件发生。

（一）各医疗卫生机构应加强数据收集合法性管理，明确业务部门和管理部门在数据收集合法性中的主体责任。采取数据脱敏、数据加密、链路加密等防控措施，防止数据收集过程中数据被泄露。

（二）在数据分类分级的基础上，进一步明确不同安全级别数据的加密传输要求。加强传输过程中的接口安全控制，确保在通过接口传输时的安全性，防止数据被窃取。

（三）各医疗卫生机构应按照有关法规标准，选择合适的数据存储架构和介质在境内存储，并采取备份、加密等措施加强数据的存储安全。涉及到云上存储数据时，应当评估可能带来的安全风险。数据存储周期不应超出数据使用规则确定的保存期限。加强存储过程中访问控制安全、数据副本安全、数据归档安全管控。

（四）各医疗卫生机构应严格规定不同人员的权限，加强数据使用过程中的申请及批准流程管理，确保数据在可控范围内使用，加强日志留存及管理工作，杜绝篡改、删除日志的现象发生，防止数据越权使用。各数据使用部门和数据使用人须严格按照申请所述用途与范围使用数据，对数据的安全负责。未经批准，任何部门和个人不得将未对外公开的信息数据传递至部门外，不得以任何方式将其泄露。

（五）各医疗卫生机构发布、共享数据时应当评估可能带来的安全风险，并采取必要的安全防控措施；涉及数据上报时，应由数据上报提出方负责解读上报要求，确定上报范围和上报规则，确保数据上报安全可控。

（六）各医疗卫生机构开展人脸识别或人脸辨识时，应同时提供非人脸识别的身份识别方式，不得因数据主体不同意收集人脸识别数据而拒绝数据主体使用其基本业务功能，人脸识别数据不得用于除身份识别之外的其他目的，包括但不限于评估或预测数据主体工作表现、经济状况、健康状况、偏好、兴趣等。各医疗卫生机构应采取安全措施存储和传输人脸识别数据，包括但不限于加密存储和传输人脸识别数据，采用物理或逻辑隔离方式分别存储人脸识别和个人身份信息等。

（七）数据销毁时应采用确保数据无法还原的销毁方式，重点关注数据残留风险及数据备份风险。

予以规定。[1]《信息安全技术　健康医疗数据安全指南》的亮点之一在于，明确了健康医疗数据的种类和级别(见表2)。就健康医疗数据级别而言，《信息安全技术　健康医疗数据安全指南》根据数据重要程度和风险级别以及对个人健康医疗数据主体可能造成的损害以及影响的级别等因素，将数据划分为5级(见表3)。《信息安全技术　健康医疗数据安全指南》的亮点之二在于，其明确了因学术研讨需要数据跨境应满足的条件，包括需采取去标识化处理、经数据安全委员会讨论审批同意、数量控制在250条以内、数据性质为非涉密非重要数据。《信息安全技术　健康医疗数据安全指南》的亮点之三在于，其还明确了因主体授权同意进行个人健康医疗数据跨境应满足的条件，包括需经数据安全委员会讨论审批同意、数量控制在250条以内、数据性质为非涉密非重要数据，其他情形均需提请相关部门审批。[2]

**表2　《信息安全技术　健康医疗数据安全指南》的健康医疗数据类别与范围**

| 数据类别 | 范围 |
| --- | --- |
| 个人属性数据 | (1)人口统计信息，包括姓名、出生日期、性别、民族、国籍、职业、住址、工作单位、家庭成员信息、联系人信息、收入、婚姻状态等；<br>(2)个人身份信息，包括姓名、身份证、工作证、居住证、社保卡、可识别个人的影像图像、健康卡号、住院号、各类检查检验相关单号等；<br>(3)个人通讯信息，包括个人电话号码、邮箱、账号及关联信息等；<br>(4)个人生物识别信息，包括基因、指纹、声纹、掌纹、耳廓、虹膜、面部特征等；<br>(5)个人健康监测传感设备ID等 |

[1] 国家市场监督管理总局、中国国家标准化管理委员会《信息安全技术　健康医疗数据安全指南》(GB/T 39725—2020)。

[2] 《信息安全技术　健康医疗数据安全指南》"7 使用披露要求……o)控制者因为学术研讨需要，需要向境外提供相应数据的，在进行必要的去标识化处理后，经过数据安全委员会讨论审批同意，数量在250条以内的非涉密非重要数据可以提供，否则应提请相关部门审批。p)不涉及国家秘密且不属于重要数据或者其他禁止或限制向境外提供的数据，经主体授权同意，并经数据安全委员会讨论审批同意，控制者可向境外目的地传送个人健康医疗数据，累计数据量应控制在250条以内，否则应提请相关部门审批。q)控制着不宜将健康医疗数据在境外的服务器中存储，不托管、租赁在境外的服务器；使用云平台的应符合国家相关要求。"

续表

| 数据类别 | 范围 |
| --- | --- |
| 健康状况数据 | 主诉、现病史、既往病史、体格检查(体征)、家族史、症状、检验检查数据、遗传咨询数据、可穿戴设备采集的健康相关数据、生活方式、基因测序、转录产物测序、蛋白质分析测定、代谢小分子检测、人体微生物检测等 |
| 医疗应用数据 | 门(急)诊病历、住院医嘱、检查检验报告、用药信息、病程记录、手术记录、麻醉记录、输血记录、护理记录、入院记录、出院小结、转诊(院)记录、知情告知信息等 |
| 医疗支付数据 | (1)医疗交易信息,包括医保支付信息、交易金额、交易记录等;<br>(2)保险信息,包括保险状态、保险金额等 |
| 卫生资源数据 | 医院基本数据、医院运营数据等 |
| 公共卫生数据 | 环境卫生数据、传染病疫情数据、疾病监测数据、疾病预防数据、出生死亡数据等 |

**表3　《信息安全技术　健康医疗数据安全指南》的健康医疗数据分级划分**

| 级别 | 内容 | 举例 |
| --- | --- | --- |
| 第1级 | 可完全公开使用的数据 | 例如医院名称、地址、电话等,可直接在互联网上面向公众公开 |
| 第2级 | 可在较大范围内供访问使用的数据 | 例如不能标识个人身份的数据,各科室医生经过申请审批可以用于研究分析 |

续表

| 级别 | 内容 | 举例 |
|---|---|---|
| 第 3 级 | 可在中等范围内供访问使用的数据 | 例如经过部分去标识化处理，但仍可能被重新标识的数据，仅限于获得授权的项目组范围内使用 |
| 第 4 级 | 在较小范围内供访问使用的数据 | 例如可以直接标识个人身份的数据，仅限于相关医护人员访问使用 |
| 第 5 级 | 仅在极小范围内且在严格限制条件下供访问使用的数据 | 例如特殊病种（如艾滋病、性病）的详细资料，仅限于主治医护人员访问且需要进行严格管控 |

另一个涉及健康医疗数据跨境的标准是地方标准《四川省健康医疗大数据应用指南》（以下简称《大数据应用指南》），该指南对于健康医疗数据进行了分级分类，见表 4 和表 5。[1] 但是，该指南并未涉及健康医疗数据跨境的内容。

**表 4 《大数据应用指南》对健康医疗数据的分类**

| 数据类别 | 范围 |
|---|---|
| 个人基本信息数据 | 单独或者与其他信息结合能够识别特定自然人的数据 |
| 诊疗信息数据 | 患者在医疗服务过程中所产生的相关数据 |
| 费用信息数据 | 医疗服务机构在提供医疗服务过程中所有与费用相关的数据 |
| 公共卫生信息数据 | 公共卫生业务数据，如疾病控制、监督执法、卫生应急、预防干预和妇幼保健等公共事业数据 |
| 管理信息数据 | 可以反映相关健康医疗机构运营管理状况的数据 |

〔1〕 四川省市场监督管理局《四川省健康医疗大数据应用指南》（DB51/T 2989—2023）。

**表 5 《大数据应用指南》的健康医疗数据分级和应用前置条件**

| 数据等级 | 划分 | 内容 | 举例 | 应用前置条件 |
|---|---|---|---|---|
| 第 1 级 | 不包含第 2、3、4、5 级内容的数据 | 不包含第 2、3、4、5 级内容的数据 | 不包含个人敏感信息或者经过脱敏的病历数据，不包含个人敏感信息或者经过脱敏的检验检测报告 | 无 |
| 第 2 级 | 机构运营、生产的相关数据 | 机构相关运营数据 | 门诊住院人次，药品消耗信息 | 相关机构授权同意 |
| | | 财务数据 | 收入支出等财务数据 | |
| | | 人力资源数据 | 人力资源信息 | |
| | | 设备运行数据 | 检验、检查、医疗设备等运行数据，例如开机次数、运行时长、治疗次数等 | |
| 第 3 级 | 包含敏感个人信息的数据或不满 14 周岁未成年人的信息 | 生物识别（指纹、声纹、掌纹、耳廓、虹膜、面部识别特征） | 检验检查中收集到的生物识别信息，例如声纹、虹膜等 | 相关主体授权同意，以社会综合治理或公共卫生服务为目的的应用除外 |
| | | 宗教信仰 | | |
| | | 特定身份信息（姓名、出生日期、身份证件号码、住址、电话号码、电子邮箱等） | 姓名，出生日期，身份证件号码，住址，电话号码，亲属信息 | |
| | | 金融账户信息 | 支付卡号，用于支付的微信、支付宝或其他第三方支付信息 | |
| | | 个人行踪轨迹 | | |

续表

| 数据等级 | 划分 | 内容 | 举例 | 应用前置条件 |
|---|---|---|---|---|
| 第4级 | 包含敏感病种的数据 | 艾滋病诊疗数据,性病诊疗数据,重型精神病诊疗数据,其他敏感病种诊疗数据 | 相关诊断、检查报告,诊疗信息 | 严格的相关主体授权同意 |
| 第5级 | 包含敏感个人遗传信息的数据 | 个人基因测试信息 | 孕前基因检测数据,产前基因检测数据,胚胎染色体检测数据,地中海贫血基因数据,癌症基因检测结果,基因测序数据,蛋白质组、代谢组多组学分析数据,分子靶向药物治疗数据 | 相关主体授权同意以及相关部门的审批 |
| | | 个人家庭成员基因测试信息 | 遗传性肿瘤基因检测 | |

对比上述两个标准文本,虽然在数据分类上略有差异,但是涉及的数据维度基本相同,涵盖个人、医院、社会三个维度,都包括个人基本信息、诊疗数据、费用数据、医院经营数据、公共卫生数据等具体类型。但是,在健康医疗数据分级上,两个文本的切入角度以及最终分类结果存在较大差异。《信息安全技术　健康医疗数据安全指南》的分级标准较为复杂,包括数据重要程度、风险级别、损害以及影响的级别等因素,最终是通过数据使用可访问范围进行标准类别划分。相比之下,《大数据应用指南》的分级标准较为单一,主要根据数据的敏感程度进行划分,最终也是通过数据敏感程度区分呈现标准类别划分结果。

此外,需要关注目前正处于审查阶段的国家标准《信息安全技术　重要数据识别指南》,其是对《网络安全法》和《数据安全法》中"重要数据"的细化。该标准在"识别重要数据的基本原则"中规定"从国家安全、经济运行、社会稳定、公共健康和安全等角度识别重要数据，只对组织自身而言重要或敏感的数据不属于重要数据，如企业的内部管理相关数据”，“反映群体健康生理状况、族群特征、遗传信息等的基础数据，如人口普查资料、人类遗传资源信息、基因测序原始数据属于重要数据”。[1] 根据该标准对于“重要数据”的分类原则，结合《信息安全技术　健康医疗数据安全指南》和《大数据应用指南》对健康医疗数据的分类可知，健康医疗数据的部分类型构成“重要数据”，其他类型则不构成“重要数据”。

## 四、体系现状总结：横向冲突、纵向缺失

总结上述涉健康医疗数据的强制性制度和非强制性制度现状后发现，无论是强制性规则还是非强制性规则，都没有产出一部专门规定，整体上缺乏有关健康医疗数据跨境的针对性、直接性、专门性规则。在现阶段制度体系中，健康医疗数据跨境主要有两个制度基点，因此在纵向上有两条规制路径。一是以“个人信息”为基点，强制性规则中构建了以敏感个人信息数量级为基准的健康医疗数据跨境体系，相比之下非强制性规则中对于健康医疗数据范畴的规定则既包含敏感个人信息，又包含非敏感个人信息，“软法”体系包容了更丰富的健康医疗数据内容但却缺乏“非敏感个人信息”相应跨境规则，这意味着“个人信息”纵向路径发展不完全。二是以“重要数据”为基点，《数据安全法》和《网络安全法》两部强制性规则中对于“重要数据”跨境格外重视，《网络安全法》将“重要数据”出境与国家安全风险挂钩，《数据安全法》则明确要求数据处理者进行“重要数据”跨境必须通过所在地省级网信部门向国家网信部门申报数据出境安全评估。非强制性规则中，根据《信息安全技术　重要数据识别指南》，健康医疗数据中的部分类型可以认定为“重要

[1] 国家标准化管理委员会《信息安全技术　重要数据识别指南》，计划号 20210995－T－469。

数据”,其余部分则属于非重要数据。健康医疗数据中的“重要数据”有跨境制度资源供给,“非重要数据”部分则缺乏指引。因此,和“个人信息”规制路径面临相同的情形,“重要数据”路径也存在分支制度资源不足的问题。

从整个体系的横向结构来说,现有体系对“敏感个人信息”和“重要数据”之间的关系并未予以明确,两者之间的衔接机制也尚不清楚。特别是从数量级的角度来看,《数据出境安全评估办法》中对于“重要数据”并未限制数量级,而是规定只要性质上属于“重要数据”就需采用安全评估的方式进行跨境,而对“敏感个人信息”则限制了“1 万人”的数量级,只有超过数量级的敏感个人信息才要求进行安全评估。从数量级别和规制结果的角度来看,“1 万人敏感个人信息”和“重要数据”似乎处于天平两端,但“敏感个人信息”要弱于“重要数据”。然而从目前的非强制性规则来看,“敏感个人信息”和“重要数据”在某些情况下所指向的内容实质是相同的,例如基因数据既属于“敏感个人信息”,也属于“重要数据”。因此,在《数据出境安全评估办法》中就存在数量级之间的冲突,当一个数据客体既属于“敏感个人信息”,又属于“重要数据”时,数量级之间的冲突如何处理?综上可知,就整个体系的横向协调和纵向路径来说,健康医疗数据涉及“敏感个人信息”和“重要数据”的部分有待进一步细化,健康医疗数据涉及非敏感个人信息和非重要数据的部分则缺乏明确规定,特别是强制性、统一的规定,健康医疗数据跨境体系有待健全。

## 第二节　健康医疗数据处理者合规管理能力不足

### 一、实践案例折射出的合规管理能力不足

当前,随着《数据安全法》《网络安全法》《个人信息保护法》等数据法规出台,数据安全能力的培养成为一项重要工作。一方面,现有制度强调了数据安

全保障能力建设的重要性，例如，《数据安全法》第4条指出，要“建立健全数据安全治理体系，提高数据安全保障能力”。另一方面，现有制度也规定了一些具体的数据处理者义务，《数据安全法》《网络安全法》《个人信息保护法》等对数据处理者的合规能力提出了一些具体要求，见表6。[1] 因此，对于数据安全保障能力的强调，催生了数据合规广泛的实践需求。

**表6　数据处理者义务和能力要求**

| 主体 | 义务和行动 | 能力 |
| --- | --- | --- |
| 开展数据处理活动 | (1)建立健全全流程数据安全管理制度，组织开展数据安全教育培训，采取相应的技术措施和其他必要措施。<br>(2)加强风险监测，发现数据安全缺陷、漏洞等风险时，应当立即采取补救措施。<br>(3)发生数据安全事件时，应当立即采取处置措施，按照规定及时告知用户并向有关主管部门报告。<br>(4)按照规定对其数据处理活动定期开展风险评估，并向有关主管部门报送风险评估报告。风险评估报告应当包括处理的重要数据的种类、数量，开展数据处理活动的情况，面临的数据安全风险及其应对措施等 | 制度建设和实施能力<br>培训能力<br>技术能力<br>应急能力<br>风险评估能力 |
| 重要数据的处理者 | 明确数据安全负责人和管理机构 | 制度建设和实施能力 |
| 个人信息处理者 | (1)制定内部管理制度和操作规程。<br>(2)对个人信息实行分类管理。<br>(3)采取相应的加密、去标识化等安全技术措施。<br>(4)合理确定个人信息处理的操作权限，并定期对从业人员进行安全教育和培训。<br>(5)制定并组织实施个人信息安全事件应急预案。<br>(6)向境外提供个人信息的，个人信息处理者应当事前进行个人信息保护影响评估，并对处理情况进行记录。<br>(7)应当向个人告知境外接收方的名称或者姓名、联系方式、处理目的、处理方式、个人信息的种类以及个人向境外接收方行使本法规定权利的方式和程序等事项，并取得个人的单独同意。<br>(8)法律、行政法规规定的其他措施 | 制度建设和实施能力<br>数据分级分类能力<br>技术能力<br>培训能力<br>应急能力<br>风险评估能力<br>“告知”规则建设和实施能力 |

[1] 《数据安全法》第27条、第29条、第30条。
《个人信息保护法》第51条、第52条、第55条、第56条、第57条、第58条。

续表

| 主体 | 义务和行动 | 能力 |
| --- | --- | --- |
| 处理个人信息达到国家网信部门规定数量的个人信息处理者 | 指定个人信息保护负责人,负责对个人信息处理活动以及采取的保护措施等进行监督 | 制度建设和实施能力 |
| 处理敏感个人信息 | (1)应当取得个人的单独同意;法律、行政法规规定处理敏感个人信息应当取得书面同意的,从其规定。<br>(2)向个人告知处理敏感个人信息的必要性以及对个人权益的影响;依照本法规定可以不向个人告知的除外。<br>(3)处理不满14周岁未成年人个人信息的,应当取得未成年人的父母或者其他监护人的同意,应当制定专门的个人信息处理规则。<br>(4)个人信息处理者应当事前进行个人信息保护影响评估,并对处理情况进行记录 | "同意"规则建设和实施能力<br>"告知"规则建设和实施能力<br>未成年人信息处理制度建设和实施能力 |
| 利用个人信息进行自动化决策 | 个人信息处理者应当事前进行个人信息保护影响评估,并对处理情况进行记录 | 风险评估能力 |
| 发生或者可能发生个人信息泄露、篡改、丢失的 | 个人信息处理者应当立即采取补救措施,并通知履行个人信息保护职责的部门和个人 | 应急能力 |

续表

| 主体 | 义务和行动 | 能力 |
|---|---|---|
| 提供重要互联网平台服务、用户数量巨大、业务类型复杂的个人信息处理者 | (1)按照国家规定建立健全个人信息保护合规制度体系,成立主要由外部成员组成的独立机构对个人信息保护情况进行监督。<br>(2)遵循公开、公平、公正的原则,制定平台规则,明确平台内产品或者服务提供者处理个人信息的规范和保护个人信息的义务。<br>(3)对严重违反法律、行政法规处理个人信息的平台内的产品或者服务提供者,停止提供服务。<br>(4)定期发布个人信息保护社会责任报告,接受社会监督 | 制度建设和实施能力<br>违规监测能力<br>自我监督能力 |

但是实践中,出于种种限制,健康医疗数据处理者很难满足上述数据安全保障能力。以医院这一典型健康医疗数据处理者为例,一方面部分医疗机构合规意识淡薄,另一方面医院在跨境会诊或合作研究中往往依托第三方平台开展,第三方平台的资质和安全能力无法确定,因而可能造成健康医疗数据跨境风险提升。[1] 实践中已经出现多起因健康医疗数据违规出境而受到国家处罚的案例。

根据科学技术部发布的行政处罚决定书,从2015年至2020年均有违规健康医疗数据出境行为发生。2018年,阿斯利康投资(中国)有限公司(以下简称阿斯利康)未经许可将已获批项目的剩余样本转运至厦门艾德生物医药科技股份有限公司(以下简称厦门艾德)和昆皓睿诚医药研发(北京)有限公司(以下简称昆皓睿诚),厦门艾德未经许可接收阿斯利康30管样本拟用于试剂盒研发相关活动,昆皓睿诚未经许可接收567管样本并保藏,被科学技术部处以警告、销毁材料、暂停涉及中国人类遗传资源国际合作活动申

[1] 何晶晶、张心宇:《中国健康医疗数据跨境流动规制探析》,载《国际法研究》2022年第6期。

请等处罚。[1] 2020年,百时美施贵宝(中国)投资有限公司作为申办方委托爱恩康临床医学研究(北京)有限公司(以下简称爱恩康)申请我国人类遗传资源国际合作活动行政许可,爱恩康负责人类遗传资源行政许可申请的业务人员,伪造公章和法人签字,向中国人类遗传资源管理办公室提交虚假申请材料,双方均被处以暂停受理涉及我国人类遗传资源国际合作活动申请的处罚。[2] 这些案例反映出在当前实践中,健康医疗数据处理者在数据合规意识、合规制度建设和实施、合规风险监测方面的能力不足。

## 二、健康医疗数据合规能力不足的多面因素

根据表6可知,现行法律针对个人信息处理者、数据处理者提出了多样化的数据、个人信息合规要求。在上述义务主体中,健康医疗数据处理者既可能是"重要数据处理者"和"敏感个人信息处理者",也可能是一般的数据处理者和一般个人信息处理者,还可能同时兼具多种身份。每一种身份都建构了该主体活动的核心场域,对该主体的行动予以指引和要求,因此一个主体可能负担多身份、多源头的数据合规管理义务。这就对健康医疗数据处理者的身份辨识能力提出了要求。但是,客观上,从时间层面来看,数据、信息相关立法近几年才大量出台,健康医疗数据处理者需要一定时间消化相关立法。同时,根据第五章第一节的分析可知,当前的数据、信息制度体

[1] 《行政处罚决定书》(国科罚〔2018〕1号),载中华人民共和国科学技术部,https://www.most.gov.cn/xxgk/xinxifenlei/fdzdgknr/xzcf/202302/t20230228_184777.html。

《行政处罚决定书》(国科罚〔2018〕2号),载中华人民共和国科学技术部,https://www.most.gov.cn/xxgk/xinxifenlei/fdzdgknr/xzcf/202302/t20230228_184778.html。

《行政处罚决定书》(国科罚〔2018〕3号),载中华人民共和国科学技术部,https://www.most.gov.cn/xxgk/xinxifenlei/fdzdgknr/xzcf/202302/t20230228_184776.html。

[2] 《行政处罚决定书》(国科罚〔2020〕1号),载中华人民共和国科学技术部,https://www.most.gov.cn/xxgk/xinxifenlei/fdzdgknr/xzcf/202302/t20230228_184779.html。

《行政处罚决定书》(国科罚〔2020〕2号),载中华人民共和国科学技术部,https://www.most.gov.cn/xxgk/xinxifenlei/fdzdgknr/xzcf/202302/t20230228_184780.html。

系并不完善甚至存在冲突。健康医疗数据处理者在认识自己角色时,特别是在辨识自己的法律角色时,往往需要根据健康医疗数据的性质、类型来决策。根据前文可知,现阶段健康医疗数据性质、分级分类并未有统一的、强制性的规制,适用范围最广的仅有一个推荐性国家标准,因此健康医疗数据处理者在行动角色的认识上可能会存在一些犹疑。当标准本身并不明确的情况下,要求健康医疗数据处理者辨别自己的法律身份并采取与身份匹配的行动难免有些牵强。

上述是现有法律对健康医疗数据处理者的身份范畴建构和相应能力要求,下文暂时跳脱出法律所构建的健康医疗数据处理者范畴,将目光转向医疗健康产业的实践范畴。根据国家统计局于 2019 年 4 月发布的《健康产业统计分类(2019)》,健康产业范围包括医疗卫生服务,健康事务、健康环境管理与科研技术服务,健康人才教育与健康知识普及,健康促进服务,健康保障与金融服务,智慧健康技术服务,药品及其他健康产品流通服务,其他与健康相关服务,医药制造,医疗仪器设备及器械制造,健康用品、器材与智能设备制造,医疗卫生机构设施建设,中药材种植、养殖和采集 13 个大类。[1]从产业范畴的角度来看,健康医疗数据处理者的身份可能涉及各类医院、护理机构、医疗研究机构、社保中心、医药企业、政府卫生健康部门、保险公司、高等学校医学院、健康知识普及机构、智慧健康技术服务企业、智能穿戴设备商、健康大数据与云计算服务企业、药品及其他健康产品仓储配送商、健康法律服务机构,等等。

如果结合法律范畴和产业范畴,将会产生庞大、复杂的健康医疗数据处理者类型。不同产业类型的主体本身就可能受到数据跨境的法律规制,比如《医疗卫生机构网络安全管理办法》对“医疗卫生机构”这一主体的数

---

〔1〕《健康产业统计分类(2019)》,国家统计局令(第 27 号),2019 年 4 月 1 日发布。

据安全管理能力就进行了专门规定,"因业务确需向境外提供的,应当按照相关法律法规及有关要求进行安全评估或审核,针对影响或者可能影响国家安全的数据处理活动需提交国家安全审查,防止数据安全事件发生"。[1] 根据《医疗卫生机构信息公开管理办法》,"医疗卫生机构"是指"基层医疗卫生机构、医院和专业公共卫生机构"。相较于《数据出境安全评估办法》,《医疗卫生机构网络安全管理办法》强调了健康医疗数据跨境涉及国家安全的情形,并要求进行国家安全审查。对于医疗卫生机构这类型主体来说,国家对其对健康医疗数据不同类型的认识能力和区分能力的要求相对更高。因此,同一健康医疗数据处理者不仅可能受到法律领域的多元规制,甚至还可能存在同一主体同时受到来自产业实践角色和法律角色的双领域能力要求。这向健康医疗数据处理者提出了更高的制度理解能力。

即便主体可以认识到其自身兼具多样角色以及要求并能准确识别,合规能力的养成仍然存在困难。因为,现阶段健康医疗数据的处理往往是一种内部活动,缺乏公开性与透明性,作为健康医疗数据主体的患者或个人通常难以真正了解数据被以何种方式处理。[2] 当这种对身份的犹疑和当前健康医疗数据处理活动的"黑箱状态"结合起来,健康医疗数据处理者即便意识到自己在数据跨境中的合规能力不足,也很难有改变的动力。

---

[1] 《医疗卫生机构网络安全管理办法》第22条规定:"各医疗卫生机构应加强数据收集、存储、传输、处理、使用、交换、销毁全生命周期安全管理工作,数据全生命周期活动应在境内开展,因业务确需向境外提供的,应当按照相关法律法规及有关要求进行安全评估或审核,针对影响或者可能影响国家安全的数据处理活动需提交国家安全审查,防止数据安全事件发生。"

[2] 陈怡:《健康医疗数据共享与个人信息保护研究》,载《情报杂志》2023年第5期。

## 第三节 国际数据跨境流动互信机制的建立存在障碍

### 一、障碍之表现：贫瘠而艰难的数据跨境国际规则

目前全球性健康医疗数据跨境规则较少，现阶段主要是国际组织制定的少数涉健康医疗数据跨境标准，见表7。国际层面制度匮乏的现状一定程度上反映了各国数据跨境交流结果不甚理想。同时，数据跨境国际新制度产出的进程也十分艰难。WTO 尝试推动数据跨境国际共识的达成，76 个 WTO 成员于 2019 年 1 月 25 日共同签署了《关于电子商务的联合声明》，启动了数字贸易谈判，[1]但是至今尚未取得实质性进展。在 2023 年 7 月代表团团长会议上，电子商务谈判共同召集人回顾了谈判进展，指出迄今为止，谈判已经"搁置"了 11 项条款，包括无纸化交易、电子合同、电子签名、电子发票、垃圾邮件、消费者保护、网络安全和电子交易框架，谈判代表希望在今年夏天之前弥合在"单一窗口"、个人信息和数据保护等其他条款上的分歧。[2] 同时，自 2019 年 12 月 11 日美国阻挠 WTO 上诉机构任命新成员而迫使 WTO 停摆后，WTO 不仅面临跨境数据流动对其既有规制框架的挑战，也面临着其自身的存续危机，一致、连贯和可预测的国际数据跨境规则的建立艰难而迷茫。[3]

---

〔1〕《中国与75个世贸组织成员在达沃斯发表关于电子商务的联合声明》，载中国政府网，https://www.gov.cn/xinwen/2019-01/25/content_5361238.htm。

〔2〕*WTO: Co-convenors of E-commerce Negotiations Review Progress, Reflect on Way Forward*, https://www.wto.org/english/news_e/news23_e/jsec_06jul23_e.htm, Last accessed date: 2023.7.15.

〔3〕谢卓君、杨署东：《全球治理中的跨境数据流动规制与中国参与——基于 WTO、CPTPP 和 RCEP 的比较分析》，载《国际观察》2021 年第 5 期。

**表 7 个人健康医疗数据跨境相关国际标准**

| 组织 | 标准名称/出处 | 适用范围 | 数据传输规则协调性 | 主要内容 |
|---|---|---|---|---|
| ISO | ISO/TS 14441:2013(5.3.11)《健康信息学——用于合格评定的EHR系统的安全和隐私要求》(Health informatics—Security and privacy requirements of EHR systems for use in conformity assessment) | 针对临床护理点(point-of-service)的电子病历系统,提出82项安全和隐私要求 | 考虑了各国迄今在实施认证和一致性测试计划方面的要求 | 旨在解决护理点的电子病历系统与区域、国家电子病历互操作的隐私和安全要求[1] |
| | ISO/TS 14265:2011《健康信息学——处理个人健康信息的目的分类》(Health Informatics-Classification of purposes for processing personal health information) | 为个人健康数据分类提供一个框架,以帮助在提供医疗保健服务时对信息进行一致管理,并跨组织和管辖边界交流健康数据 | 提供了一个共同的映射目标,以弥合不同的国家要求,从而支持健康数据的自由跨境流动 | 定义数据目的是数据收集和各种处理的后续活动的关键的第一步。只有知道了数据的预期目的,才有可能评估数据访问或其他处理活动是否适当。本技术规范定义了一组可用于处理个人健康信息的高级目的类别[2] |

[1] ISO/TS 14441:2013, Health informatics—Security and privacy requirements of EHR systems for use in conformity assessment, prepared by Technical Committee ISO/TC 215, Health informatics.

[2] ISO/TS 14265:2011, Health Informatics-Classification of purposes for processing personal health information, prepared by Technical Committee ISO/TC 215, Health informatics.

续表

| 组织 | 标准名称/出处 | 适用范围 | 数据传输规则协调性 | 主要内容 |
| --- | --- | --- | --- | --- |
| ISO | ISO/TS 22857:2013《健康信息学——促进个人健康数据跨境流动的数据保护指南》(Health informatics—Guidelines on data protection to facilitate trans-border flows of personal health data) | 适用于国际或跨司法管辖区传输健康数据的保护 | 不要求协调现有的国家或管辖标准、立法或条例，仅在国际或跨司法管辖区交换个人健康数据方面具有规范性 | 本国际标准没有规定同意应该是默示的还是明确的，或者是否应该是书面的或等同的。它也没有涉及在数据主体因任何原因无法给予有意义的同意的情况下应采取哪些措施。关于同意的问题，可能是该国文化和风俗的问题，也可能在数据导出方所在国的国家级规章中有具体规定。对于这些方面的考虑，应在适用于数据主体的任何规章、习俗或文化氛围下，由数据主体依照其期望给予同意[1] |

〔1〕 ISO 22857:2013(en) Health informatics—Guidelines on data protection to facilitate trans-border flows of personal health data, prepared by Technical Committee ISO/TC 215, Health informatics.

续表

| 组织 | 标准名称/出处 | 适用范围 | 数据传输规则协调性 | 主要内容 |
| --- | --- | --- | --- | --- |
| OECD | 《关于保护隐私和个人数据跨境流动的准则》(Guidelines Governing the Protection of Privacy and Transborder Flows of Personal Data) | 适用于公营或私营部门处理个人数据时,因数据处理方式、数据性质、数据使用的场景而对隐私和个人自由风险的防护 | 这些准则应被视为最低标准,可辅以保护隐私和个人自由的额外措施 | 有限收集原则;数据质量原则;目的规范原则;使用限制原则;安全保障原则;开放原则;个人权利;问责原则;国际适用的基本原则:自由流动和合法限制;国际合作与互操作性[1] |

## 二、障碍之原因:差异的普遍存在

全球性数据跨境流动规则缺乏的原因在于,各国在数据跨境流动立场、具体规则上存在诸多差异,如表8所示。[2] 理念是行动的先导。[3] 不同国家在数据跨境流动上的认识并不同,那么在本国数据跨境制度的架构上存在侧重也就不难理解。以目前数据领域最具有影响力的中国、美国、欧盟来说,一般认为美国因具有开放传统而对数据跨境干涉较少,欧盟注重保护人权因此更重视成员国内数据保护,中国重视国家安全因而在网络安全、数据

---

〔1〕 *Recommendation of the Council Concerning Guidelines Governing the Protection of Privacy and Transborder Flows of Personal Data*, OECD/LEGAL/0188, https://legalinstruments. oecd. org/en/instruments/OECD-LEGAL-0188, Last accessed date:2023.7.15.

〔2〕 胡海波、耿骞:《数据跨境流动治理研究:溯源、脉络与动向》,载《情报理论与实践》2023年第7期。

〔3〕 《"理念是行动的先导"重温总书记关于完整准确全面贯彻新发展理念重要论述综述》,载人民网,http://cpc. people. com. cn/n1/2022/0220/c164113-32355672. html。

安全上更多着力。在各个国家针对数据跨境价值取向不同的情况下，各国数据跨境规则架构协调、融合难度越高，全球数据跨境规则发展的路程也越遥远。

**表 8　不同国家和地区数据跨境流动理念和制度架构**

| 国家/地区 | 欧盟 | 美国 | 中国 | 日本 | 俄罗斯 |
|---|---|---|---|---|---|
| 数据跨境理念 | 人权保障 | 流动优先 | 安全第一 | 提倡流动 | 加强控制 |
| 数据跨境治理模式 | 个人隐私保护为核心 | 数据自由流动为核心 | 国家安全为核心 | 基于信任的数据自由流动 | 数据本地化 |
| 数据跨境监管制度 | “内外不一” | “宽进严出” | “严出” | 协同治理 | “内外双严” |
| 数据主权战略 | 对内统一，对外限制 | “长臂管辖” | 防御为主 | 弹性化 | 严格数据本地化 |

但是，如果从某些国家数据跨境行动来分析，声称的理念和实践存在违背之处也不鲜见，理念差异和行动动机的相左背后体现了“利益”的作用力。例如，美国频频以“数据安全”为名打压所谓“对手国家”的数字产业，利用外国投资安全审查、禁止信息通信技术与服务供应链交易等方式加大数据安全审查力度，对跨境数据流动造成实际限制。[1] 美国商务部工业安全局（Bureau of Industry and Security，BIS）发布的《出口管制条例》（Export Administration Regulations）中，商业管控列表（Commerce Control List）明确了具体的管制范围（见图 1），其中就包括通信技术、信息安全技术和产品。除了对数据技术和产品进行管控以外，美国对于部分数据本身也划定了严

〔1〕 李艳：《大国博弈下的跨境数据流动国际规则构建》，载《当代世界》2023 年第 5 期。

格的控制线。2021 年 6 月美国政府发布了《保护美国人的敏感数据免受外国对手侵害的行政命令》(Executive Order Protecting Americans Sensitive Data from Foreign Adversaries),防止向“外国对手”(明确中国在内)拥有、控制或受其管辖、指示的人出售、转让或提供敏感个人数据(包括个人身份信息和遗传信息)。[1]

| Commerce Control List Categories | |
|---|---|
| 0 | Nuclear Materials, Facilities And Equipment (and Miscellaneous Items) |
| 1 | Material, Chemicals, Microorganisms and Toxins |
| 2 | Materials Processing |
| 3 | Electronics |
| 4 | Computers |
| 5 | Part 1—Telecommunications and Part 2—Information Security |
| 6 | Sensors and Lasers |
| 7 | Navigation and Avionics |
| 8 | Marine |
| 9 | Aerospace and Propulsion |

| Five Product Groups | |
|---|---|
| A | End Items,Equipment, Accessories, Attachments, Parts, Components, and Systems |
| B | Test,Inspection and Production Equipment |
| C | Materials |
| D | Software |
| E | Technology |

**图 1　美国《出口管制条例》商业管控列表 Commerce Control List (CCL)**[2]

“天下熙熙,皆为利来;天下攘攘,皆为利往。”可以看到,经济因素、政治因素在数据跨境流动规则构建中占据了重要地位。因此,如果从数据跨境实践中所反映出的动机来看,国家利益保护所产生的冲突才是全球数据跨境规则难以达成、难以调和的核心原因。在利益驱动下,在外部数据跨境环境对中国不利甚至敌对的情形下,健康医疗数据这类可能涉及敏感个人信

[1] The White House: Protecting Americans' Sensitive Data From Foreign Adversaries, https://www.whitehouse.gov/briefing-roon/presidential-actions/protecting-Americans'-sensitive-data, Last accessed date: 2023.11.3.

[2] *U.S. Bureau of Industry and Security*:*Commerce Control List* (*CCL*), https://www.bis.doc.gov/index.php/regulations/commerce-control-list-ccl, Last accessed date:2023.7.8.

息的数据跨境活动难免受到不利影响。

## 三、破障之迷思：区域合作还是排除异己

相比于全球层面数据跨境制度推进困难的现状，双边和多边数据跨境制度有较多阶段性成果。双边规则层面，典型代表国家为欧盟，其在推动成员国和欧洲数据共享方面制定并实施了诸多政策，见表9。可以发现，欧盟的健康医疗数据跨境规则也处处体现着政治渗透，加强成员国之间的互通，打造内部统一市场是其持续的追求。针对欧盟外部国家，欧盟目前采取了“充分性认定”的对策，和多个外部国家建立了数据跨境的合作关系。但是，出于推动本土产业发展、为欧盟内部的中小型数字企业赢得发展空间等考虑，欧盟近年来对来自外部市场的平台企业监管趋于严格，市场规制举措明显加强。[1] 可见，欧盟的健康医疗数据跨境也受到一定程度的政治因素影响。

**表9 欧盟健康医疗数据跨境政策**

| 日期 | 政策措施 | 政策目的 |
| --- | --- | --- |
| 2011年 | 电子健康网络工作 | 建立跨境医疗服务数据交换的共同标准 |
| 2015年 | 欧盟电子健康基础设施项目 | 国家层面和欧盟层面的数据交换服务 |
| 2018年 | 电子健康战略 | 单一数字市场 |
| 2018年 | 充分性认定 | 区域合作关系 |
| 2020年 | 共同数据空间—欧洲健康数据空间 | 欧盟成员国之间和全欧洲的数据共享 |

多边规则层面，以《全面与进步跨太平洋伙伴关系协定》（CPTPP）、《美墨加协定》（United States-Mexico-Canada Agreement，USMCA）、《区域全面经

〔1〕 夏菡：《欧盟数据跨境流动监管立法的市场规制转向及对中国的启示》，载《河北法学》2023年第8期。

济伙伴关系协定》(RCEP)、《数字经济伙伴关系协定》(DEPA)等区域贸易协定为典型代表。[1] 区域贸易协定具有社群性质,在其制定过程中的商谈能够在一定程度上促进社群内成员国之间的了解。而且,现有区域贸易协定文本最终规则呈现出较大的弹性,更加侧重实现不同法制间的互操作性,因此一定程度上增加了不同国家数据保护水平未来趋同的可能性。

双边规则和多边规则相结合,现阶段国际数据跨境流动建立了一定程度、一定范围内的信任基础,如图2所示。[2]

但是,就中国而言,可以发现中国并没有融入现有的区域数据跨境流动互信圈中。在欧盟主导的互信国家数据跨境流动圈中,由于中国并没有在数据保护"充分性认定"国家名单中,因此当前并未与欧盟跨境流动圈形成合作互动机制;在美国所主导的数据跨境流动圈中,由于中美关系恶化,中国很大程度上被排除在美国主导的数据跨境流动圈外。[3] 在全球数字治理体系联盟化强化的战略背景下,美国、欧盟等利益团体的强势外扩增加了各国的选择压力。[4] 中国采取何种方式加入全球数据跨境治理关系网络是一个现实性和紧迫性的问题。

---

〔1〕 The Comprehensive and Progressive Agreement for Trans - Pacific Partnership, CPTPP (June. 28, 2018), https://www.cptpp.cn/; Digital Economy Partnership Agreement, New Zealand Foreign Affairs & Trade (July. 15, 2023), https://www.mfat.govt.nz/en/trade/free-trade-agreements/free-trade-agreements-in-force/digital-economy-partnership-agreement-depa/depa-text-and-resources/.

〔2〕 胡海波、耿骞:《数据跨境流动治理研究:溯源、脉络与动向》,载《情报理论与实践》2023年第7期。

〔3〕 何晶晶、张心宇:《中国健康医疗数据跨境流动规制探析》,载《国际法研究》2022年第6期。

〔4〕 《全球数字治理白皮书(2022年)》,载中国信息通信研究院,http://www.caict.ac.cn/kxyj/qwfb/bps/202301/t20230110_413920.htm。

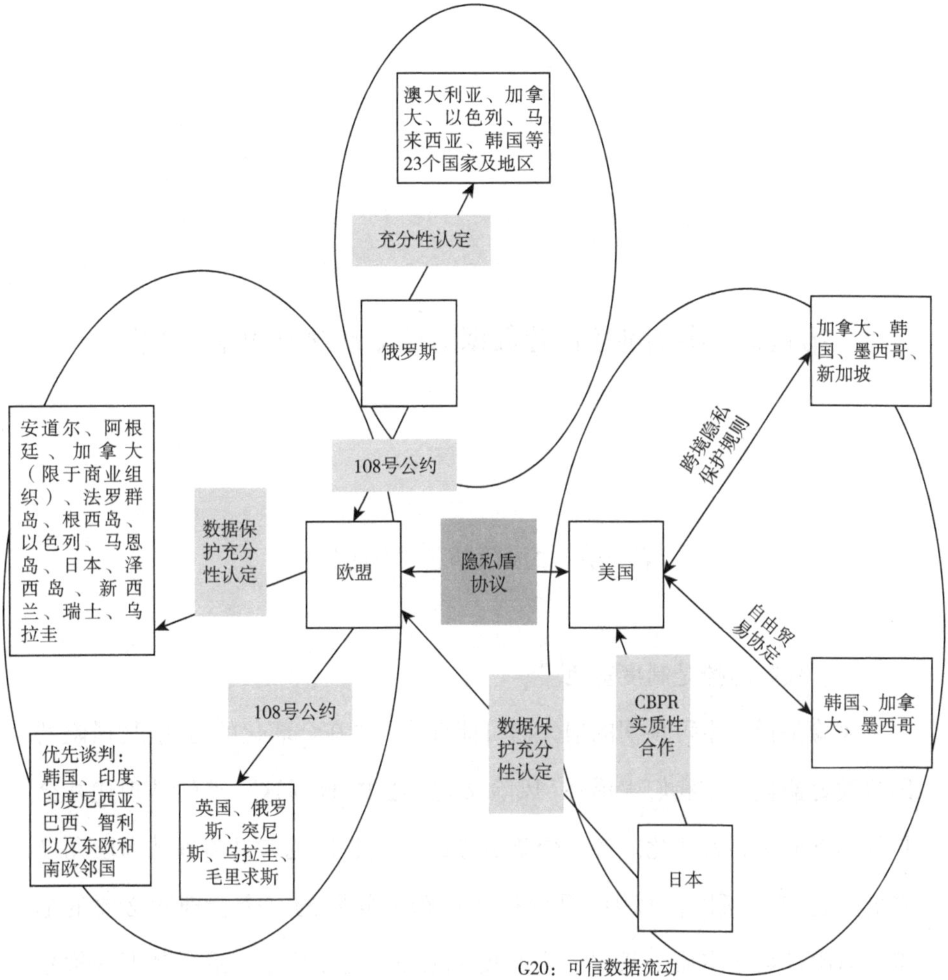


**图 2　基于可信国家关系的数据跨境流动圈**

# 第六章　中国健康医疗数据跨境流动规制的未来方向

## 第一节　“风险防控”不应失位

### 一、风险防控是制度基色

风险是指发生可预期的损失的可能性。[1] “在全球化的时代里,风险的影响被普遍化了。我们生活在‘风险文化’之中,解释这一点的是现代社会特征的彻底化和普遍化。各种变革引导或迫使我们越来越多地从风险角度考虑问题。”[2] 所以,“风险”是分析数据跨境问题的一个合理和必要的框架。风险社会在本质上需要一个制度完善的社会,通过一系列制度的构建为风险社会提供完善的法律制度规范,提供确定性的法律制度指引,制度是尽可能地消除种种显在或隐在的风险,使风险的负面作用降至极低值的有效工具。[3] 因此,风险和制度的结合是当前时代的需求导向。

---

〔1〕 张成福:《公共危机管理:全面整合的模式与中国的战略选择》,载《中国行政管理》2023 年第 7 期。

〔2〕 [英]安东尼·吉登斯、克里斯多弗·皮尔森:《现代性——吉登斯访谈录》,尹宏毅译,新华出版社 2001 年版,第 77 页。

〔3〕 杨春福:《风险社会的法理解读》,载《法制与社会发展》2011 年第 6 期。

现阶段，随着我国《网络安全法》《数据安全法》《个人信息保护法》三部数据基本法的颁布，制度本身和实践案例已经证实了我国数据、个人信息跨境的制度基调是“风险防控第一”。一方面，从三部法律的命名就可以直观感受到我国对于“风险防控”的强烈需求。三部法律采取了“安全”和“保护”为关键词的命名方式。安全是指系统为了能够保持良性运行和协调发展而把妨碍社会良性运行与协调发展的因素及其作用控制在最小范围内的一种状态。[1] 保护则是指采取措施使不受损害。安全和保护都是欲想实现一种特定状态，实现需要控制影响状态达成之因素——风险。因此，虽然几部法律的命名包含了“网络安全”“数据安全”“个人信息保护”的字眼，“风险”本身并未出现，但风险控制是其应有之义，是实现网络安全、数据安全、个人信息安全状态的手段和过程。另一方面，三部法律的具体规则设置也显示出了“风险防控”这一制度内核。《网络安全法》中出现了20次“风险”，既从范围上提及了境内外网络安全风险，也从风险类型上提及了系统漏洞、计算机病毒、网络攻击、网络侵入等风险，还从行动上规定了监测、评估、防御、处置、认证、检测等风险防控措施。《数据安全法》中出现了10次“风险”，强调了风险评估、报告、信息共享、监测预警等风险控制措施。《个人信息保护法》更是明确以“风险”这一因素来设置个人信息处理者的义务，要求个人信息处理者根据个人信息处理对个人权益的影响、可能存在的安全风险来采取各类防控措施。此外，一些实践案例的出现也证明了“风险防控”是数据跨境的核心控制工具。滴滴网络安全审查案和北京友谊医院数据安全评估出境是两个对比明显的实践案例。在滴滴网络安全审查案中，滴滴公司由于“置国家网络安全、数据安全于不顾，给国家网络安全、数据安

---

〔1〕 郑杭生、洪大用：《中国转型期的社会安全隐患与对策》，载《中国人民大学学报》2004年第2期。

全带来严重的风险隐患”而被从严从重予以处罚。[1] 北京友谊医院则由于“对网络安全、数据安全进行了重新评估,确保医院网络安全制度完善、落实有力,安全防范技术能力符合等级保护等标准规范”而通过了数据出境安全评估,成为全国首个数据合规出境案例。[2]

同时,健康医疗领域的相关规定也体现了明显的“风险控制”思路。《人类遗传资源管理条例》和《人类遗传资源管理条例实施细则》都规定了禁止境外组织及境外组织、个人设立或者实际控制的机构以及境外个人在我国境内采集、保藏、向境外提供我国人类遗传资源。[3] 可见,我国对于健康医疗数据采取了较为严格的控制手段,通过对适格健康医疗数据处理者范围、健康医疗数据存储位置的控制,一些健康医疗数据跨境的风险空间被大大压缩。

## 二、排查风险位点以完善风险防控网格

基于风险防控在当前风险社会背景下的重要性,基于部分健康医疗数据跨境的高风险,未来仍需坚持“风险防控”理念,继续完善健康医疗数据、个人信息跨境立法中的“风险防控”机制。在“风险防控”不应失位已然具备合理性的前提下,接下来重要的问题就是健康医疗数据跨境风险防控防什么?怎么防?从风险客体的角度,有文章总结了数据流动的风险,包括合法性风险、分离风险、保密风险、完整性风险、可用性风险、透明度风险和控制

[1] 《国家互联网信息办公室有关负责人就对滴滴全球股份有限公司依法作出网络安全审查相关行政处罚的决定答记者问》,载中国网信网,http://www.cac.gov.cn/2022-07/21/c_1660021534364976.htm。

[2] 《全国首个获批数据出境安全评估案例落地北京友谊医院》,载首都医科大学附属北京友谊医院官网 2023 年 2 月 2 日,http://www.ncrc-dd.org.cn/Html/News/Articles/5758.html。

[3] 《人类遗传资源管理条例》第 7 条规定:外国组织、个人及其设立或者实际控制的机构不得在我国境内采集、保藏我国人类遗传资源,不得向境外提供我国人类遗传资源。《人类遗传资源管理条例实施细则》第 11 条第 2 款规定:境外组织及境外组织、个人设立或者实际控制的机构(以下称外方单位)以及境外个人不得在我国境内采集、保藏我国人类遗传资源,不得向境外提供我国人类遗传资源。

风险七类。[1] 这些风险也是健康医疗数据跨境风险防控网络建构所需要考虑的风险。有学者分析了数据跨部门流动中的风险，指出为了防御外部风险，行政机关有能力与动力去建立数据安全风险评估、报告机制，但这些措施并不能很好地预防内部风险，内部滋生的权力滥用、权力专断可能性也可能导致数据流动风险控制机制的失效。[2] 可见，数据跨境安全系统中既藏有数据本身的风险因素，还裹挟着不同主体的行动风险。健康医疗数据跨境风险防控不仅要防控数据风险，还要防控人的风险。

在健康医疗数据跨境风险防控的方式上，虽然在当前的风险社会中，多元主体和议题交织在一起，相互耦合而呈现出复杂性特征，任何层级的治理均可能由于复杂性作用而导致系统要素、系统结构以及系统功能的演化，进而导致治理结果的不可测性，[3] 但是，“法律制度的价值和意义就在于规范和追寻技术上可以管理的哪怕是可能性很小或影响范围很小的风险和灾难的每一个细节”。[4] 因此，未来还需要尽可能运用法律制度这一风险防控手段，对健康医疗数据跨境风险进行系统性梳理，对于健康医疗数据跨境所涉及的范围、主体行动、数据类型等予以详细分析和归纳，配置相应的、有针对性的健康医疗风险防控机制，从而尽可能降低健康医疗数据跨境后果的不可预测性、风险性，以达到健康医疗“网络安全”“数据安全”“个人信息安全”的追求状态，最终保障健康医疗的“国家安全”，以致长治久安。

[1] 郑晓军：《数据跨部门流动的风险与问责》，载《中国行政管理》2022 年第 11 期。

[2] 郑晓军：《数据跨部门流动的风险与问责》，载《中国行政管理》2022 年第 11 期。

[3] 范如国：《“全球风险社会”治理：复杂性范式与中国参与》，载《中国社会科学》2017 年第 2 期。

[4] [德]乌尔里希·贝克：《从工业社会到风险社会——关于人类生存、社会结构和生态启蒙等问题的思考》（上篇），王武龙编译，载《马克思主义与现实》2003 年第 3 期。

## 第二节 适当放开部分规制标准

### 一、因时制宜：健康医疗数据开放的时代需求

网络的广泛应用改变了全球贸易的发展模式，我国医疗服务贸易飞速发展。2020 年 1 ~4 月，知识流程外包中的医药和生物技术研发外包离岸执行额达到 126.1 亿元，同比增长 47.7%。[1] 我国具有发展优势的中医药服务出口表现优异，2021 年度，纳入中医药服务贸易统计试点的相关机构共 344 家，总计服务 510.2 万人次，其中境内服务 88.1 万人次，境外服务 422.1 万人次；总计营收 9.7 亿元人民币（币种下同），其中境内收入 3.4 亿元，境外收入 6.3 亿元。[2] 可见，无论是医疗资源进口，抑或我国优势医疗服务的出口，健康医疗领域都存在较大的跨境需求。因此，2021 年深圳市出台《关于加快推动医疗服务跨境衔接的若干措施》，对药品、医疗器械、医疗技术、病人跨境转运的跨境衔接问题及需求提出了一些应对方案。

在数据化、信息化深化发展的阶段，对医疗资源的需求部分替换为了对医疗技术信息和数据的需求。随着数据成为生产要素，医疗产业逐步从供给主导型向需求拉动型、数据驱动型转变，医疗数据的产生、挖掘和利用正成为跨境医疗服务模式创新的要素，数据驱动的跨境医疗服务模式升级成为全球医疗资源价值实现的新方向。[3] 例如，商务部发布的《中国服务贸易

---

〔1〕《中国对外贸易形势报告（2020 年春季）》，载商务部，http://zhs.mofcom.gov.cn/article/cbw/202006/20200602974110.shtml。

〔2〕《中国服务贸易发展报告（2021）》，载商务部，http://fms.mofcom.gov.cn/article/tongjiziliao/202301/20230103378854.shtml。

〔3〕宫建霞、赵林度：《全球视角下跨境医疗服务研究述评与展望》，载《管理工程学报》2020 年第 3 期。

发展报告(2021)》中就提出了要大力拓展互联网和中医药融合发展模式,“推动境外线下需求转移至线上”。[1] 实践中,商务部投资促进事务局医药化工产业部围绕生命科学领域发展形势和趋势,重点搭建了“生命健康产业跨境合作平台”,汇集药品、医疗器械、康养、数字化医疗、健康食品等多行业于一体。根据商务部投资促进事务局发布的《2022—2023 中国生命健康产业跨境合作发展报告》,到 2031 年全球生命健康产业市场规模将达到 12.8 万亿美元,亚太地区拥有最大的区域性生命健康产业市场。[2] 随着我国健康医疗产业的发展,健康医疗数据跨境的需求将日益增长。

面对现实产业对开放发展的需要,健康医疗数据跨境制度保持适当开放性也是时代发展的应有之义。同时,从风险控制角度,健康医疗数据跨境流动规则保持一定的开放性是合理的。理由一则在于不存在完美的制度。“那种希望借由一个详尽无遗的立法制度,即刻创制出一个崭新秩序的企图,只会摧残现实,增加现实的不确定性,强化规则与事实之间的乖张,最终使得法律失去规范人事而服务人世的功用与价值。”[3]特别是在当前健康医疗数据跨境这种复杂性、关联性极强,发展结果不确定的系统内,在尚且不清楚系统运转逻辑的情况下,在法律调整的切入点尚且不清楚的情形下,试图虚构一套能有效控制该复杂系统的法律制度本身就极具挑战,更妄说这套虚构的制度能够划定实践路径了。在这种情况下,一套具有自我调整力量的、能够不断修正的、为系统自适应环境预留一定空间的制度可能是最优的选择。理由二则在于健康医疗数据跨境是一个新生事物,需要一定的空间试错、反思和成长。严格来说,健康医疗数据跨境并不是凭空产生的,它

〔1〕《中国服务贸易发展报告(2021)》,载商务部,http://fms.mofcom.gov.cn/article/tongjiziliao/202301/20230103378854.shtml。

〔2〕《2022—2023 中国生命健康产业跨境合作发展报告》,载商务部,https://fdi.mofcom.gov.cn/selfBuild/1619744999338/content.html?id=8321。

〔3〕[德]萨维尼:《论立法与法学的当代使命》,中国法制出版社 2001 年版,第 9 页。

是随着实践的发展而衍生出的一个新系统，其依托于健康医疗大数据产业的实践发展，健康医疗大数据产业又依托于大数据技术和产业的发展。现阶段，大数据产业是战略性新兴行业，尚且处于发展之中，各国正在这个新赛道上抢占大数据产业发展制高点。[1] 因此，健康医疗数据跨境生长所依托的基础是一个正在发展中的新兴事物，尚且需要“边试点、边总结、边推广的思路，探索可复制、可推广的实施路径和模式”。[2] 对健康医疗数据跨境规则的构建更应该有足够的耐心和空间。

## 二、相对安全观：部分放开，公益为先

综上，在开放的时代背景下和制度需求下，思考健康医疗领域如何开放数据以及开放的程度是更加务实和现实的做法。在风险防控不应失位的前提下，“相对安全观”是符合马克思哲学的健康医疗数据跨境观念，也即接受无法实现健康医疗数据跨境绝对安全的现实，允许产业带病成长，区分轻重缓急，把有限的保护资源集中用于重点保护具备重大社会和经济价值的健康医疗关键数据。[3]

在具体的健康医疗数据开放领域上，健康医疗行业的特殊性在于其与人民的生存和发展密切相关，所以我国《宪法》中规定：“国家发展医疗卫生事业，发展现代医药和我国传统医药，鼓励和支持农村集体经济组织、国家企业事业组织和街道组织举办各种医疗卫生设施，开展群众性的卫生活动，

[1] 《“十四五”大数据产业发展规划解读》，载中国政府网，https://www.gov.cn/zhengce/2021-12/01/content_5655197.htm。

[2] 《“十四五”大数据产业发展规划解读》，载中国政府网，https://www.gov.cn/zhengce/2021-12/01/content_5655197.htm。

[3] 刘春富、陈红敏：《论健康医疗大数据保护的相对安全观》，载《浙江大学学报（医学版）》2018年第6期。

保护人民健康。”[1]秉持以人民为中心的发展思想，因此在健康医疗数据跨境开放中应首先考虑开放涉及人民利益、公共利益的事项。具体而言，可以采纳分级分类的思路，以关涉公共利益的重要程度为数据分级分类原则，在科研合作、跨境医疗等和患者、消费者关系密切的领域选择小范围、关联广、价值高的类型数据进行跨境试点。例如，2023 年 1 月，欧盟启动欧洲癌症成像计划（European Cancer Imaging Initiative），该计划致力于创建一项数字基础设施，在遵守高道德标准、信任、安全和个人数据保护原则的同时将整个欧盟的癌症成像数据资源和数据库联系起来，它还将连接医院网络、相关研究库以及其他卫生数据。[2] 研究人员将能够有效地访问更多高质量的数据，以研究疾病和提高对疾病的理解，促进数据驱动解决方案的开发，使医生能够作出更精确、更快速的临床决策、诊断、治疗和预测，以造福癌症患者。此外，以欧洲癌症成像计划鼓励公民数据利他主义，也即鼓励公民自愿同意或提供他们生成的数据，作为丰富健康数据集的一种方式。我国可以参考中国保险行业协会与中国医师协会联合发布的《重大疾病保险的疾病定义使用规范（2020 年修订版）》中的重大疾病范围，选择一些重大疾病进行跨境科研、跨境诊疗、跨境支付、保险结算等数据跨境流动试验。

在健康医疗数据跨境开放的具体实施方案上，结合 2021 年 11 月工业和信息化部发布的《“十四五”大数据产业发展规划》所提出的“开展数据跨境传输安全管理试点，支持有条件的地区创新数据跨境流动管理机制，建立数据跨境传输备案审查、风险评估和安全审计等工作机制。鼓励有关试点地区参与数字规则国际合作，加大对跨境数据的保护力度”；2022 年 4 月国务

---

[1] 《宪法》第 21 条第 1 款规定：国家发展医疗卫生事业，发展现代医药和我国传统医药，鼓励和支持农村集体经济组织、国家企业事业组织和街道组织举办各种医疗卫生设施，开展群众性的卫生活动，保护人民健康。

[2] *Europe's Beating Cancer Plan: Launch of the European Cancer Imaging Initiative*, https://ec.europa.eu/commission/presscorner/detail/en/ip_23_286.

院办公厅印发的《"十四五"国民健康规划》中提出的"研究制定数据开放清单,开展政府医疗健康数据授权运营试点";2022 年 1 月国家发展和改革委员会、商务部发布的《关于深圳建设中国特色社会主义先行示范区放宽市场准入若干特别措施的意见》中鼓励深圳"重点围绕金融、交通、健康、医疗等领域做好国际规则衔接,积极参与跨境数据流动国际规则制定,在国家及行业数据跨境传输安全管理制度框架下,开展数据跨境传输(出境)安全管理试点,建立数据安全保护能力评估认证、数据流通备份审查、跨境数据流通和交易风险评估等数据安全管理机制"等文件,下一步相关单位可以多多提出健康医疗数据跨境试点需求、积极进行健康医疗数据跨境试点申报,从而为我国健康医疗数据跨境规则构建、为增加广大患者的福祉贡献力量。

## 第三节 推动有益国际合作

### 一、道阻且长:国际合作是健康医疗历史发展的正确一边

近年来,我国发布的数据领域重要规划中都提及了国际合作。2022 年 12 月,《中共中央、国务院关于构建数据基础制度更好发挥数据要素作用的意见》中指出"深化开放合作,实现互利共赢"是我国构建数据基础制度的工作原则,"积极参与数据跨境流动国际规则制定,探索加入区域性国际数据跨境流动制度安排。推动数据跨境流动双边多边协商,推进建立互利互惠的规则等制度安排。鼓励探索数据跨境流动与合作的新途径新模式。"[1] 2023 年 2 月,中共中央、国务院印发了《数字中国建设整体布局规划》,指出

〔1〕《中共中央、国务院关于构建数据基础制度更好发挥数据要素作用的意见》,载中国政府网,https://www.gov.cn/zhengce/2022-12/19/content_5732695.htm。

要“拓展数字领域国际合作空间，积极参与联合国、世界贸易组织、二十国集团、亚太经合组织、金砖国家、上合组织等多边框架下的数字领域合作平台，高质量搭建数字领域开放合作新平台，积极参与数据跨境流动等相关国际规则构建。”[1]制度大多只是呈现了最终决定的“怎么做”——我们应当加强健康医疗数据跨境国际合作，但是对于影响决策的“是什么”和“为什么”并没有进行详细解释——健康医疗数据跨境国际合作的必要性在哪里，而这些恰恰是我们把握健康医疗数据跨境“怎么做”方向和具体措施的认知基础。因此，有必要详细分析健康医疗数据跨境国际合作方面的驱动力及其发展方向，从而“顺势而为”地推动健康医疗数据跨境合作。客观来说，健康医疗数据跨境是一个交叉领域，因此分析其国际合作驱动力时要基于数据领域、健康医疗领域进行分别、综合分析。

在数据层面，共同风险是一个主要的国际合作驱动因素。“全球风险的一个主要效应就是它创造了一个‘共同世界’，一个我们无论如何都只能共同分享的世界，一个没有‘外部’、没有‘出口’、没有‘他者’的世界。因此，我们不得不承认，无论我们以多么聪明和多么尖锐的方式批评‘他者’，我们都注定要与这些‘他者’共同生活在这个风险的世界之中，而且由于这个世界处在风险之中，所以我们不仅会受制于它所具有的各种支配性权力，而且也会受它所具有的那些伤害自我的危险、腐败、苦难和剥削的污染”。[2] 数据跨境是一个全球性特征显著的议题，政治安全、经济秩序、社会文化等多个维度都受到数字技术负面影响的冲击，数字恐怖主义、数据垄断、算法歧视、虚假信息泛滥等问题成为各国面临的共同风险问题。对风险的治理为

---

〔1〕《中共中央、国务院印发〈数字中国建设整体布局规划〉》，载中国政府网，https://www.gov.cn/zhengce/2023-02/27/content_5743484.htm。

〔2〕贝克、邓正来、沈国麟：《风险社会与中国——与德国社会学家乌尔里希·贝克的对话》，载《社会学研究》2010年第5期。

共同收益创造条件，共同收益使国家有能力、资源和手段应对共同威胁，因此保证合作的持久与深化。[1]

在健康医疗层面，伦理是一个核心驱动要素。例如，当前的医学人文观念认为要尊重人的生命，维护人类的尊严；在医疗保健服务中，要尊重自主、公正、不伤害的原则，这是人类的共同期望，是具有全球认同意义的。[2] 正是出于对生命尊重、敬畏、爱护的全球认知基础，健康医疗国际合作在COVID－19新冠肺炎流行期间取得了新的进展。新冠肺炎的流行对全球人民的生命构成了威胁，由于各国健康医疗水平不一，不发达国家人民的生命安全处于高度危险之中。为了避免COVID－19新冠肺炎这一非传统安全灾难和减少人为灾害，人类需要共同合作构建国际医疗安全网络，特别是要建立全球性的疾病预防与控制体系，这是人类的当务之急，也应该成为世界各国的高度共识。[3] 最终，在这次世界大危机中，政治对抗、经济争夺暂时搁置，WHO、UNSC、G20等密切协调指导各国抗疫，中、德、英、沙等国家维护WHO权威，各方守望相助，健康医疗人类命运共同体构建提速。[4] 同时，全球健康医疗治理体系变革促使某些领域也得到变革和加快，比如UNSC内部结构、G20机制、全球公共卫生体系监管以及国际货币体系完善等将被提上议事日程。[5] 因此，在这次大危机之下，医学伦理所驱动的国际互助实践很大程度上影响了国际外交伦理的走向，"生命共同体"沉重而又在团结互助中走向希望。2023年6月，WHO政府间谈判机构组织各国为继续就大流

〔1〕 肖晞、宋国新：《共同利益、身份认同与国际合作：一个理论分析框架》，载《社会科学研究》2020年第4期。

〔2〕 杜治政：《当代医学人文理念与实践论纲》，载《医学与哲学（人文社会医学版）》2009年第1期。

〔3〕 王帆：《论观念差异与国际合作——"合异论"的提出》，载《国际观察》2020年第3期。

〔4〕 郭树勇：《大危机下的国际合作与外交转向：国际政治社会学的视角》，载《当代世界与社会主义》2020年第3期。

〔5〕 郭树勇：《大危机下的国际合作与外交转向：国际政治社会学的视角》，载《当代世界与社会主义》2020年第3期。

行预防、防范和应对全球协议进行谈判,“我们感谢我们在起草小组互动式非正式会议期间看到的合作和达成共识的精神”。[1] 同月,世界卫生组织和全球公民组织签署伙伴关系以促进健康、消除不平等。[2] 未来,在这次COVID－19新冠肺炎互助基础上,健康医学领域的国际合作有望持续而深入发展。

## 二、行则将至：健康医疗数据跨境国际合作的有益方向

2013 年 3 月 23 日,国家主席习近平在俄罗斯莫斯科国际关系学院发表演讲时指出,“随着世界多极化、经济全球化深入发展和文化多样化、社会信息化持续推进,今天的人类比以往任何时候都更有条件朝和平与发展的目标迈进,而合作共赢就是实现这一目标的现实途径”。[3] 虽然健康医疗领域的国际合作是发展的趋势,健康医疗数据跨境具有国际合作的动力和条件,但是发展道路是曲折的,是漫长的,是螺旋式发展的,因为在这道路上存在一些障碍。一方面,虽然网络和数据领域的合作利大于弊,但是合作意味着一定程度的退让和包容,由于网络空间中国家边疆形态实体性退化而导致边界确定性减弱,合作中进和退的界限模糊、风险难估阻碍了合作的达成,加之对于处于互联网优势地位的国家来说短期内可能缺乏明确的激励,因此网络和数据领域的国际合作推进缓慢。[4] 另一方面,数据领域缺乏一个

〔1〕 *Countries Set Out Way Forward for Continued Negotiations on Global Agreement on Pandemic Prevention, Preparedness, and Response*, https://www.who.int/news/item/17－06－2023－countries-set-out-way-forward-for-continued-negotiations-on-global-agreement-on-pandemic-prevention—preparedness—and-response.

〔2〕 *WHO and Global Citizen Sign Partnership to Promote Health, Fight Inequity and Address Health-Related Risks of Climate Change*, https://www.who.int/news/item/22－06－2023－who-and-global-citizen-sign-partnership-to-promote-health-fight-inequity-and-address-health-related-risks-of-climate-change.

〔3〕《顺应时代前进潮流　促进世界和平发展——习近平在莫斯科国际关系学院的演讲》,载中国政府网,https://www.gov.cn/ldhd/2013－03/24/content_2360829.htm。

〔4〕 唐庆鹏:《网络空间政治安全治理中的国际合作:缘由、脆弱性及中国理念》,载《教学与研究》2020 年第 9 期。

中立的、有力的第三方来协调各国力量。基于自身利益诉求的国家在某个平台得不到有利回馈的时候,容易转向其他平台,而不同平台的规则与运行机制也不尽相同,这就会使单个平台凝聚力的降低,导致数据国际合作的碎片化。[1] 这点在前文“国际数据跨境流动互信机制难以建立”中就体现得淋漓尽致。数据领域这种碎片化的状态不是可持续发展之计,因为各个“碎片”之间的封闭性可能会使得“隔阂”加深而更加难以实现合作、和谐。此外,因人工智能、大数据、云计算等技术的迅速发展和全面融合,军事人工智能在现代战争中展示出强大威力,导致“数据军备竞赛”愈演愈烈。[2] 在这种氛围下,碎片化导致的隔阂加深有可能演变成不同区域、国家之间的恶性竞争,健康医疗数据跨境国际合作的开展环境将更加艰难。

因此,缓解当前数据领域碎片化进程,促进碎片间的融合是一个探索健康医疗数据跨境较为有益的国际合作方向。建构常态化、机制化的“沟通”机制是缓解数据跨境碎片化的一个可行方式,因为确保有不同的声音发出,才能让有关当事方真正了解分歧所在,也更有可能弥合彼此间存在的分歧,有了平等的对话才有可能达到主体间真正的一致意见或共识。[3] 根据上文可知,中国并没有在现有数据跨境流动圈中拥有自己的稳定发声平台,因此我国在数据跨境领域中的观念可能并没有清晰、准确、完整地传达给其他国家及其人民。其实,改革开放以来,中国一直试图“接轨”“融入”“对接”国际关系体系,然而在霸权国家的垄断和抵制面前,步伐极为艰难,因此在现有的国际体系之外积极探索全球治理新的体系不妨是一个突破口。[4] 当前数据跨境领域碎片化背后离不开欧盟、美国等大国的主导和小国的参与,想

---

[1] 唐庆鹏:《网络空间政治安全治理中的国际合作:缘由、脆弱性及中国理念》,载《教学与研究》2020 年第 9 期。

[2] 耿海军:《军事智能化背景下的大国战略博弈》,载《人民论坛》2022 年第 13 期。

[3] 王帆:《论观念差异与国际合作——“合异论”的提出》,载《国际观察》2020 年第 3 期。

[4] 范如国:《“全球风险社会”治理:复杂性范式与中国参与》,载《中国社会科学》2017 年第 2 期。

要缓和碎片化程度、推动碎片间的融合，任何一个被其他国家视为身处同一竞赛场内，作为共同竞争对手的国家都缺乏一定的正当性立场。下一步，加强和中立第三方健康医疗数据跨境力量的交流，增加中立第三方健康医疗国际平台的影响力，推动在中立第三方平台上开展正式、非正式的健康医疗数据跨境磋商行动才是真正可持续的发展路径。联合国，作为当今世界最为权威、最具影响力的综合性政府间国际组织，其在国际合作中具有不可替代的领导作用。中国可以加强与联合国相关机构在数据跨境方面的合作，支持联合国开展健康医疗数据跨境国际商谈，借助联合国平台积极阐释中国的健康医疗数据跨境理念。

## 第四节　充分结合业务场景

### 一、“场景”：数据动态流动的脉络

“场景”一词很早就被人们使用，原指戏剧、影视、文学作品里的场面或情景，描述了一种人与周围景物的关系总和，其核心是场所与景物等硬要素以及空间与氛围等软要素间的密不可分、相互依赖。[1] 客观的设施设备相对固定、建构相对明确，因此场景中的软要素分析成了研究关注的焦点，现有研究提炼出了场景软要素的3个维度、15个子维度（见图3）。[2]

---

〔1〕 部书锴：《场景理论的内容框架与困境对策》，载《当代传播》2015年第4期。

〔2〕 [美]特里·N.克拉克：《场景理论的概念与分析：多国研究对中国的启示》，李鹭译，载《东岳论丛》2017年第1期。

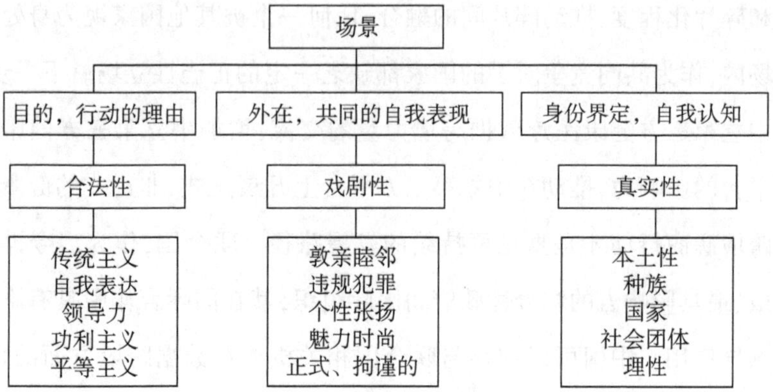


**图3　场景的价值维度**

随着场景含义不断明确，理论研究也逐步深入，当前场景理论研究大多集中在文化领域（见图4），主要包括文化空间营造、文化消费促进和文化有机增长等方面，探讨的角度包括文化主体的权利、文化消费与供给的关系，以及在文化社区的构建中文化与政治、经济和社会的互动与统一。[1]

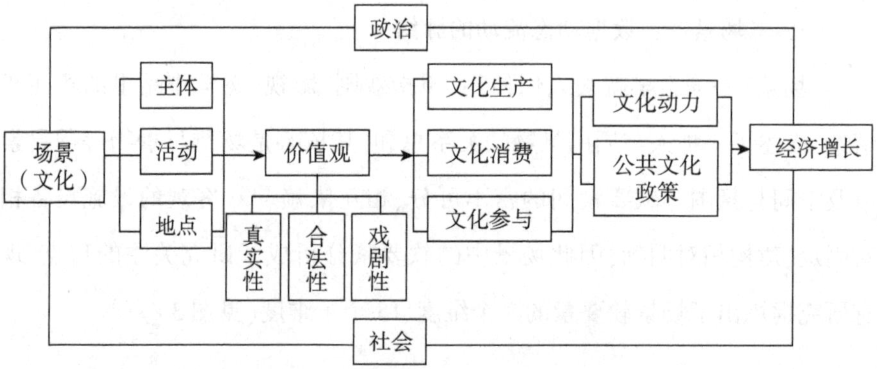


**图4　文化领域的场景运行机制构建**

随着信息技术的发展，“场景”的含义发生了一定程度的变化。在数字化时代下，发生在不同场景下的人物行为活动轨迹逐渐被智能感知设备所

[1]　温雯、戴俊骋：《场景理论的范式转型及其中国实践》，载《山东大学学报（哲学社会科学版）》2021年第1期。

捕捉、理解、模拟还原，使得“场景”变得可感知、可量化、可计算。[1] 数字化时代的场景的内核并没有改变，交流和融合依旧是场景的核心，但是数字化时代下的场景拥有了新的形式，数字技术成为物质空间与信息空间相互连接、切换与融合的媒介，场景成为人—机—物互动交流的场域。[2]

在这样一种人—机—物的紧密互动中，“某一状态下所包含的情境信息及其所需执行动作（事件）的集合”就组成了“场景”。[3] 数据的收集、传输构成了“场景”的一部分，而“场景”本身的构成又会反作用于数据收集、传输的范围和方式。因此，对于数据传输的理解离不开其所处的场景。在这种认识下，场景脉络完整性理论（Contextual Integrity Theory）呈现出旺盛生命力，该理论认为没有任何领域不被信息流动规范控制（There are no arenas of life not governed by norms of information flow），规范有许多可能的来源——历史、文化、法律、公约等（There are numerous possible sources of contextual norms, including history, culture, law, convention, etc.），这些信息流动规范控制着信息流动的关键部分——例如角色、期望、行为和限制等（Contexts are partly constituted by norms, which determine and govern key aspects such as roles, expectations, behaviors, and limits, etc.），和个人信息最为相关的规范包括两类——适当性规范和流动/分配规范，当两类规范都被遵守时个人信息所处的场景才是完整的，如果违反了任何一类信息规范，被控诉涉嫌侵犯隐私都是合理的。[4] 场景脉络完整性理论提出了一个核心概念“适当性”，通过该概念来平衡信息流动和信息保护之间的紧张关系，也即主张个人信息保护

---

〔1〕 阎峰：《“场景”即生活世界——媒介化社会视野中的“场景”传播研究》，上海师范大学2018年博士学位论文。

〔2〕 夏蜀：《数字化时代的场景主义》，载《文化纵横》2019年第5期。

〔3〕 徐步刊、周兴社、梁韵基等：《一种场景驱动的情境感知计算框架》，载《计算机科学》2012年第3期。

〔4〕 H. Nissenbaum, *Privacy as Contextual Integrity*, Washington Law. Review, Vol. 79, p. 119－157 (2004).

不是绝对控制而是适当限制,保护隐私就是保护个人信息的合理使用。[1]

基于“场景”在数据、信息传输中的重要作用,近年来各国在个人信息、数据立法中开始注重运用场景视角。2015 年,美国颁布的《消费者隐私权利法案(草案)》率先在隐私保护中引入了“场景”。在保护医疗数据的过程中应用“场景”理论对“同意”原则进行了改造,使得数据保护模式由原先的患者初次同意转变为超出最初应用“场景”时的患者再同意。[2] 同时,“场景”也在目的限定原则解释、考量隐私风险增加程度中发挥了重要作用。[3] 2018 年欧盟颁布的 GDPR 也以场景为导向,通过场景评估具体信息风险程度,配置和特定场景信息风险程度相吻合的风险控制措施,以此平衡数据保护和利用之间的矛盾关系。[4]

## 二、“业务场景”:健康医疗数据跨境的核心场景

“场景”可以被不同程度地具象化,既可以分为教育、政治和市场等宏观范畴,也可以具象到像看牙医、参加婚礼或面试工作一样精细。[5] 有学者分析了“医疗场景”的类型以及各类场景下的数据使用规则,其认为“医疗场景”包括技术场景、商业场景和行业场景三部分,在技术场景中,不同隐私保护等级的医疗数据所采取的处理技术不同;在商业场景中,利用医疗数据要符合最初的商业目的;在行业场景中,要遵守医疗领域不同行业所制定的规

---

〔1〕 倪蕴帷:《隐私权在美国法中的理论演进与概念重构——基于情境脉络完整性理论的分析及其对中国法的启示》,载《政治与法律》2019 年第 10 期。

〔2〕 郑闽、魏振华:《“场景”理论视角下医疗数据的匿名化保护》,载《医学与法学》2023 年第 3 期。

〔3〕 孙玉荣、卢润佳:《“场景完整性理论”的应用检视和功能再造——以个人信息保护司法裁判为视角》,载《北京联合大学学报(人文社会科学版)》2022 年第 3 期。

〔4〕 孙玉荣、卢润佳:《“场景完整性理论”的应用检视和功能再造——以个人信息保护司法裁判为视角》,载《北京联合大学学报(人文社会科学版)》2022 年第 3 期。

〔5〕 H. Nissenbaum, *Privacy as Contextual Integrity*, Washington Law. Review, Vol. 79, p. 119 – 157 (2004).

则。[1] 但是，针对本书讨论的主题健康医疗数据跨境而言，由于数字化的全面转型，其实在技术场景、商业场景和行业场景中均有涉及健康医疗数据跨境活动，因此这种分类并不适用于健康医疗数据跨境的分析。依据场景理论，主体的行为会因场景改变而调整，可以通过合理配置各种要素建构适配的场景。[2] 可见，“场景”是建构性的，并非被动形成的，是可以主动建设的。健康医疗领域是实践导向特征极强的领域，实践面向需求，因此适配场景的构建需要以实践需求为依据。

健康医疗领域的实践需求多种多样。2018 年 4 月国务院办公厅发布的《关于促进“互联网 + 医疗健康”发展的意见》中指出，“围绕群众日益增长的需求，利用信息技术，优化服务流程，提升服务效能，提高医疗服务供给与需求匹配度”。可见，医疗业务的开展存在广泛的群众需求。同时，《关于促进“互联网 + 医疗健康”发展的意见》指出，“面向远程医疗、医疗信息共享等需求，鼓励电信企业向医疗机构提供优质互联网专线、虚拟专用网（VPN）等网络接入服务，推进远程医疗专网建设，保障医疗相关数据传输服务质量”。可见，随着数字化进程推进，医疗机构开展健康医疗业务存在广泛的技术需求。国家卫生健康委员会 2022 年 11 月发布的《“十四五”全民健康信息化规划》中指出，要“紧密结合卫生健康行业应用需求和新一代信息技术发展大势，把握问题导向、需求导向和应用导向”，具体而言，为了满足人民群众日益增长的卫生健康需求，需要进一步拓展“互联网 + 医疗健康”服务模式；为了满足人民群众多层次、多样化、个性化的健康需求，需要拓展数字健康乡村、智慧健康养老、智慧营养膳食、在线医学教育、智慧中医药等服务；为了满足智慧病房、远程会诊、重大疫情防控救治等需求，需要重点推进智能

[1] 郝娜：《个人健康医疗数据匿名化的法律规则重塑——从“场景”理论的视角来探析》，载《医学与法学》2020 年第 3 期。

[2] 刘晗：《场景服务创新：移动网络信息治理的场景化转型》，载《学习与实践》2020 年第 9 期。

个人定位、个人可穿戴健康智能监测、具备医疗诊断级性能的生命体征感知等终端设备应用；为了满足居民服务需求和家庭医生签约服务场景，需要搭建区域数字家医服务平台；为了满足全生命周期不同人群对不同健康科普的需求，需要探索建立健康科普数据平台。[1] 这份文件已经展示出了群众需求、健康医疗业务需求、技术和数据是以何种机制运转在一起的。具体而言，如图5所示，对健康医疗数据场景层层剖析后发现，其发展动力在于患者、消费者对于健康医疗高质量服务的需求，基于这些需求，医院、科研机构、保险机构等健康医疗服务主体提出了业务改进的需求，进而明确了健康医疗技术发展方向，从而由健康医疗需求、技术、法规等构成了健康医疗数据利用场景。客观来说，患者、消费者需求并不必然上升为健康医疗业务层面的需求，而健康医疗业务层面的需求也不必然通过技术手段乃至数据跨境手段实现，其中健康医疗业务层是核心层，其既评估患者、消费者需求数据跨境的必要性，又连接技术以实现数据跨境。因此，健康医疗数据跨境场景的构建与否、构建方向需要结合健康医疗数据业务场景开展。

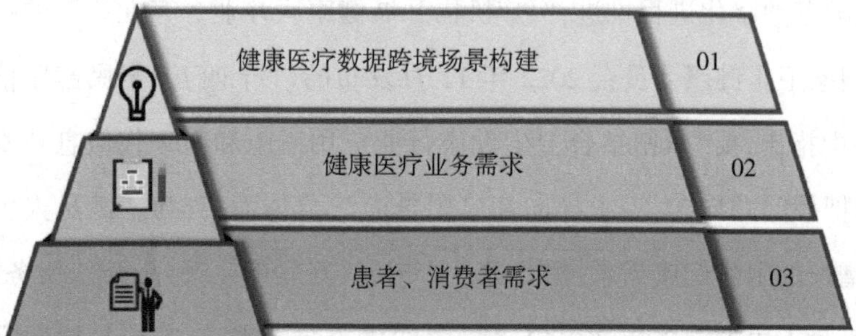


**图5　基于需求导向的健康医疗数据跨境流动场景构建**

[1] 《"十四五"全民健康信息化规划》(国卫规划发〔2022〕30号)。

# 第七章　中国健康医疗数据跨境流动规制的优化路径

## 第一节　实现“产业促进”和“风险控制”的有效平衡

### 一、“产业促进”：健康医疗数据跨境的重要实践面向

在前述国际数据跨境流动互信机制分析中，可以看到经济因素、政治因素在数据跨境流动规则构建中占据了重要地位，健康医疗领域也不乏“天下熙熙，皆为利来；天下攘攘，皆为利往”的一面。因此，利益视角是构建中国健康医疗数据跨境规则不可缺少的视角。

实践中，健康医疗跨境合作具有一定的利己性，这在跨境医疗科研活动中就得以充分体现。由于生命问题的普遍性，跨境医疗科学研究具有内在的合作动力。科学合作能够带来广泛、多样的效益，有学者经过历史考察和案例研究，分析了自1978年改革开放以来，对外开放和跨境合作是如何促进中国科学技术的发展，从三个方面归纳了对外开放和国际合作对中国科学

发展的促进作用:科学进步、制度学习和思想引入,[1]跨境合作过程中的观念碰撞和思想交流会带来意想不到的收获,跨境合作建立的良好关系和形成的网络对于后续的合作会发挥不可估量的作用。[2] 2022 年 11 月,《"十四五"全民健康信息化规划》中指出,要"坚持安全发展、协同共进的原则,参与全球数字健康国际合作,加强与多双边平台机制的对接,深化与国际组织、产业联盟和科研机构的交流合作,推广数字健康相关技术、产品、标准、服务、规则和共识,注重对国际卫生健康信息化应用标准的跟踪、评估和转化,推动我国自主技术与全球同步发展,探索国际健康医疗发展合作新模式,不断提升我国全民健康信息化应用水平、产业核心竞争力和国际影响力。"从这段文字中,也大致可以发现跨境医疗科研合作可能带来的三方面效益,包括健康信息化应用水平提升、产业核心竞争力提高和国际影响力扩大。因此,提高"产业核心竞争力"应视为构建健康医疗数据跨境制度的核心、高权重因素。

"产业促进"在其他国家健康医疗数据立法中已有体现。欧洲于 2020 年提出了"欧洲数据战略"(A European strategy for data),[3]数据战略旨在创建一个单一数据市场,以确保欧洲的全球竞争力和数据主权。基于落实欧洲数据战略,欧盟推出了"欧洲共同数据空间"(European Common Data Space),以确保更多的数据可用于经济和社会,同时也可以维持欧盟对数据的控制力(见图 6)。[4] 可见,经济因素是一国制定数据战略时的重要考量

---

〔1〕 樊春良:《对外开放和国际合作是如何帮助中国科学进步的》,载《科学学与科学技术管理》2018 年第 9 期。

〔2〕 樊春良:《对外开放和国际合作是如何帮助中国科学进步的》,载《科学学与科学技术管理》2018 年第 9 期。

〔3〕《欧盟委员会致欧洲议会、欧盟理事会、欧洲经济和社会委员会及欧洲经济和社会委员会及欧洲地区委员会的方案》,欧盟数据战略,2020。

〔4〕 DG DIGIT, https://joinup.ec.europa.eu/sites/default/files/inline-files/DIGIT%20offerings%20for%20the%20data%20spaces_JoinUp.pdf.

因素和目的追求。健康医疗数据领域,2022 年 5 月,欧盟委员会提交了健康医疗数据空间(European Health Data Space ,EHDS)法案,这是欧盟成员国跨境访问和共享卫生数据更轻松、更安全的规则、结构和流程的里程碑。[1] 就建立健康医疗数据空间的目的而言,欧盟表示一方面希望通过 EHDS 增加对个人健康数据跨境的控制来增强个人能力,为电子健康记录系统、相关医疗设备和高风险人工智能(AI)系统的应用培育真正的单一市场;另一方面希望 EHDS 可以推动健康数据助力研究、创新、政策制定和监管活动质量提升。[2] 在数字欧洲计划下,2023 年 6 月,委员会与成员国共同资助了 Testing and Experimentation Facilities (TEF),以支持人工智能开发人员更有效地将值得信赖的人工智能推向市场,并促进其在欧洲的采用。其中,“TEF-Health”是首批推出的 TEF,针对医疗保健领域医学成像中的机器学习技术以及用于干预和康复的机器人。[3] 可见,加强健康医疗数据跨境流动可以为增加数据产品可信度提供支持,促进健康医疗产业数字化发展。因此,无论是以目的为导向,还是以需求为导向,“产业促进”都是在构建健康医疗数据跨境体系中必须考虑的因素。

---

〔1〕 European Commission: Proposal for a regulation-The European Health Data Space/https://cyprusrepresentation. ec. europa. eu/news/european-health-union-european-health-data-space-people-and-science – 2022 – 05 – 03_en.

〔2〕 *The European Health Data Space-What You Need to Know*, https://data. europa. eu/en/news-events/news/european-health-data-space-what-you-need-know.

〔3〕 *EU Invests* 220 *Million to Test AI Solutions for Healthcare, Food, Industry, and Everyday Life*, https://digital-strategy. ec. europa. eu/en/news/eu-invests-eu220 – million-test-ai-solutions-healthcare-food-industry-and-everyday-life.

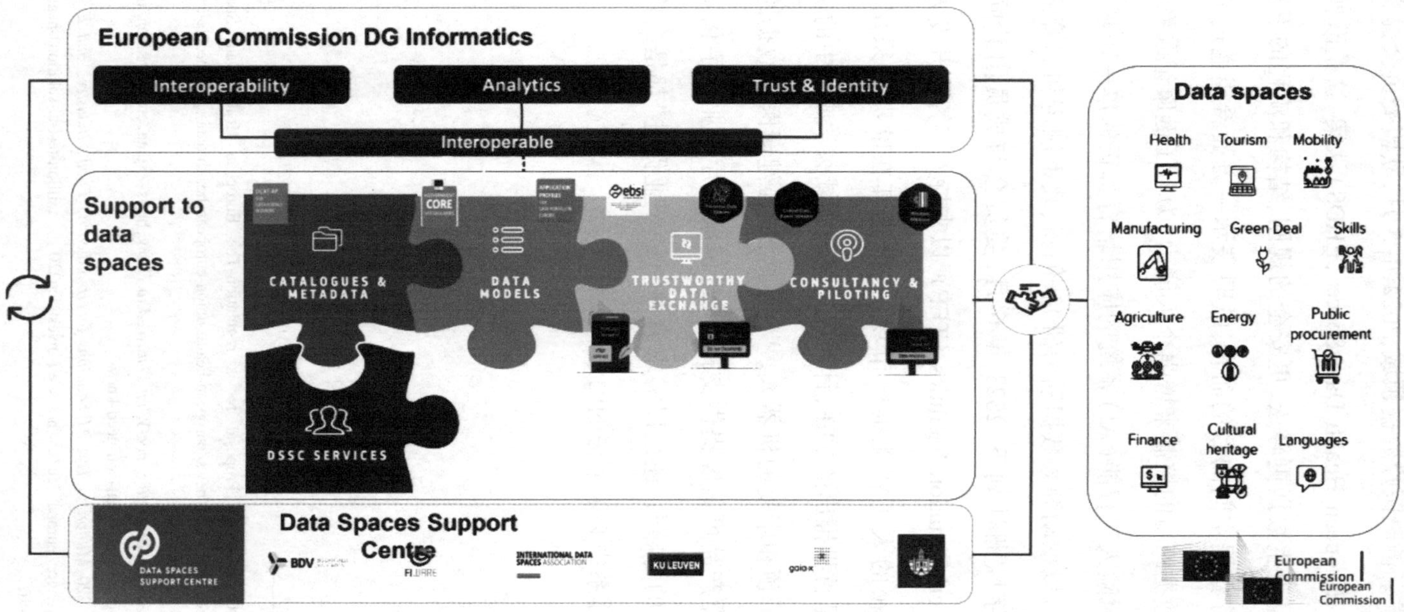


图 6　欧盟数据空间发展布局

## 二、“相对控制”：平衡风险控制和产业促进的一个思路

根据前文可知，风险控制是中国健康医疗数据跨境的制度基色，未来也应继续推进，完善数据、个人信息立法中的“风险防控”机制。但是，万事皆有度，风险防控也是如此。这一方面涉及人的认识能力的有限性，也即绝对真理和相对真理问题。恩格斯在《反杜林论》中说：“一方面，人的思维的性质必然被看作是绝对的；另一方面，人的思维又是在完全有限地思维着的个人中实现的。这个矛盾只有在无限的前进过程中，在至少对我们来说实际上是无止境的人类世代更迭中才能得到解决。从这个意义来讲，人的思维是至上的，同样又是不至上的。他的认识能力是无限的，同时又是有限的。按它的本性、使命、可能和历史的终极目的来说，是至上的和无限的；按它的个别实现和每次的实现来说，又是不至上的和有限的。”[1]因此，如果我们承认马克思主义哲学有关绝对真理和相对真理的论证，健康医疗数据处理者、监管政府部门、患者等数据主体在当前的历史中认知是有限的，这意味着无论是哪个主体都无法在现阶段实现对数据风险的绝对控制，而只能实现相对风险控制。另一方面，相对控制理念把国家与网络空间统合，突出国与国在参与（网络空间治理）过程中实现网络空间虚拟主权，也即注重国家之间以主权合作与让渡的方法开展全球网络空间治理。[2] 前面章节已经论述了国际合作在健康医疗行业发展中的重要性，因此，持有相对控制理念更契合健康医疗数据跨境的实践需求。

在相对风险控制理念下，风险分配是一个重要的问题。“风险分配的历

〔1〕《马克思恩格斯选集》（第3卷），中共中央马克思恩格斯列宁斯大林著作编译局编译，人民出版社1972年版，第126页。

〔2〕盛文楷、肖光荣：《网络空间国家主权研究的回顾与思考——兼论结构功能主义分析框架的应用》，载《中国矿业大学学报（社会科学版）》2020年第2期。

史表明,风险同财富一样附着在阶级模式之上,只不过是以颠覆的方式:财富在顶层积聚,而风险在底层积聚。"[1]就风险主体的范围而言,健康医疗数据跨境中可能涉及的风险主体包括个人健康医疗数据主体、健康医疗数据控制者、健康医疗数据处理者、健康医疗数据使用者、健康医疗数据服务者(见表10)。[2] 当前,由于前述健康医疗数据跨境规范的供给不足、数据处理者合规管理能力不足等原因,健康医疗数据跨境主体所负担的风险和所获得的收益间可能呈现失衡状态。

**表10 健康医疗数据应用场景中的各类主体及职责**

| 角色 | 职责要点 | 角色举例 |
| --- | --- | --- |
| 主体 | | 患者、健康个人等 |
| 控制者 | 网络安全和数据安全的主要责任人:平台用户管理、数据使用审批;授权、访问控制、审计;决定健康医疗数据处理目的、方式及范围 | 卫生健康委员会信息中心、医疗机构、医保机构等 |
| 处理者 | 数据安全的重要责任人:数据采集、治理,形成数据资源目录;医疗信息标注、结构化处理;根据使用申请组织数据资源,形成可使用数据集;数据脱敏、去标识化;数据提供前的审查、评估、授权;加密、审计、流量控制、存储介质管控;数据传输加密、传输方式控制;数据使用时间控制 | 卫生健康委员会信息中心、医疗机构、医疗健康数据服务企业等 |
| 使用者 | 大数据应用过程中相关数据安全责任人:获得主体授权同意;获得相关部门(如人类遗传办公室)批准;数据使用申请 | 政府机构、医疗机构、医保机构、医院其他科室、商业保险公司、科研机构、医药公司、医疗器械公司等 |

[1] [德]乌尔里希·贝克:《风险社会:新的现代性之路》,张文杰、何博闻译,译林出版社2018年版,第25页。

[2] 四川省市场监督管理局《四川省健康医疗大数据应用指南》(DB51/T 2989—2023)。

续表

| 角色 | 职责要点 | 角色举例 |
| --- | --- | --- |
| 服务者 | 大数据应用过程中相关数据安全责任人：接口对接；数据预处理、医疗信息标注、结构化处理；数据使用；数据存储、加密、销毁 | 数据分析公司、AI技术公司、医药公司、商业保险公司、科研机构等 |

政府——作为健康医疗数据跨境监管者，应当发挥“看得见的手”的作用，运用“相对控制”的制度工具保证健康医疗数据跨境风险分配的公平、合理，以在“风险控制”和“产业发展”中取得有效平衡。具体的平衡机制，还需要“个业个论”，即参考《健康产业统计分类（2019）》中的具体产业特点采取有针对性措施。卫生健康主管部门与网信部门应当协同起来，搭建产业发展和监管之间的对话平台，充分考虑健康医疗数据各细分产业特点，出台相应的数据出境规则。实践中，结合健康医疗数据出境场景，可以根据属地原则，由健康医疗数据处理者所在地的卫生健康部门从行业发展和专业视角出发，对健康医疗数据跨境活动进行初步评估和建议。[1] 在对具体场景下健康医疗数据跨境风险评估的基础上，确定具体场景下的健康医疗数据跨境控制程度。未来，国家可以整合各地在具体场景中评估健康医疗数据跨境风险的经验，采取类似于司法裁判中“类案同判”的思路，规整各地健康医疗数据跨境风险评估中的“相似场景”，将各地的实践经验提炼、总结，上升为统一的健康医疗数据跨境风险控制规则。

[1] 何晶晶、张心宇：《中国健康医疗数据跨境流动规制探析》，载《国际法研究》2022 年第 6 期。

## 第二节 推动数据跨境流动规制在健康医疗场景下的合理适用

根据上文分析，健康医疗数据跨境风险防控不应失位，同时应结合场景，尤其是业务场景予以具体评估。其实，在我国现有的数据规制体系中，场景与风险导向的动态保护理念已隐约体现——例如分级分类制度其实就体现了场景和风险匹配的理念，但由于现阶段个人信息保护的主要规则还是"告知同意"，标准仍较为单一，缺乏动态适应性，与现有健康医疗数据出境的实际需求存在不匹配之处，场景和规范、行动的结合并不顺畅。本节则在分析健康医疗数据跨境业务场景类型的基础上，进一步探讨健康医疗数据跨境规范和场景结合的"适当性"标准和可能的实现路径。

### 一、安全需求：健康医疗数据跨境场景的构建基础

分析健康医疗数据跨境场景所涉及的各类要素是基础工作，在这个基础上才能分析因素和机制之间的相互作用。根据前述可知，需求是健康医疗数据跨境场景构建的基础。根据马斯洛需求层次理论，人类需求从低到高分为五个层次，依次是生理需求、安全需求、社交需求、尊重需求和自我实现需求。[1] 马斯洛需求层次理论表明，只有满足人最迫切需求的公共产品才能够最大限度体现出政府公共服务的效率和社会公平。[2] 健康医疗和马斯洛需求中的生理需求和安全需求联系最为密切，这是当前我国健康医疗

---

〔1〕 Maslow A. H., *A Theory of Human Motivation*, Psychological Review, Vol. 50, p. 370 – 396 (1943).

〔2〕 龚金保：《需求层次理论与公共服务均等化的实现顺序》，载《财政研究》2007 年第 10 期。

发展中最直接、最现实、群众最关心的问题。2022 年国务院办公厅印发的《"十四五"国民健康规划》中指出,"我国仍面临多重疾病威胁并存、多种健康影响因素交织的复杂局面。全球新冠疫情仍处于大流行状态,新发突发传染病风险持续存在,一些已经控制或消除的传染病面临再流行风险。慢性病发病率上升且呈年轻化趋势,患有常见精神障碍和心理行为问题人数逐年增多,食品安全、环境卫生、职业健康等问题仍较突出。同时,人口老龄化进程加快,康复、护理等需求迅速增长。"[1]可见,在后疫情时代背景下,健康医疗领域的需求主要还是生命、健康安全需求。发展不平衡不充分是当前中国社会转型中的阶段表现。[2] 在一国经济没有发达到足够为每一个公民提供足额的公共物品以满足其需求,即财力有限时,政府应该先在满足人基本需求的公共服务上实现均等化,当这个较低层次的需要得到满足之后,再在更高层次的公共服务上实现均等化。[3] 因此,由于现实限制,健康医疗领域的需求是选择性满足的,当前应聚焦在安全需求。

## 二、群体安全:健康医疗数据跨境场景的核心适配要素

从安全需求的角度,健康医疗数据安全的特殊性和复杂性在于,其不仅存在强烈的个人安全需求,更有明显的群体安全需求。这是因为,健康医疗数据的挖掘和汇总中,往往会对个体按照某些特征或者趋势进行分组、聚类形成有研究价值的群组,健康医疗领域大量的分析、预测都是针对群组进行的,因此群体层面的隐私利益和安全需求凸显。[4] 特别是,当涉及基因数据

---

〔1〕《国务院办公厅关于印发"十四五"国民健康规划的通知》,载中国政府网,https://www.gov.cn/zhengce/content/2022-05/20/content_5691424.htm。

〔2〕习近平:《新发展阶段贯彻新发展理念必然要求构建新发展格局》,载中国政府网,https://www.gov.cn/xinwen/2022-08/31/content_5707604.htm。

〔3〕龚金保:《需求层次理论与公共服务均等化的实现顺序》,载《财政研究》2007 年第 10 期。

〔4〕刘士国、熊静文:《健康医疗大数据中隐私利益的群体维度》,载《法学论坛》2019 年第 3 期。

时,群体风险有可能进一步上升到国家风险。我国人口基因数据如果被境外机构窃取,用于研究我国人口特殊基因,研制生物武器,将严重威胁公众安全和国家安全。[1] 健康数据的群体维度在《生物安全法》中也得到了强调,《生物安全法》将防控重大新发突发传染病和动植物疫情、人类遗传资源与生物资源安全管理、生物技术研究开发与应用等都纳入"生物安全"的范围,也即"国家有效防范和应对危险生物因子及相关因素威胁,生物技术能够稳定健康发展,人民生命健康和生态系统相对处于没有危险和不受威胁的状态,生物领域具备维护国家安全和持续发展的能力"。[2] 可以发现,遗传资源、基因数据这类医疗健康数据所关涉的更多是"人民"和"国家"层面。

## 三、群体安全维度下的健康医疗数据跨境规制优化

综上所述,健康医疗数据跨境虽然也涉及个人维度的数据安全,但是其群体安全需求更为迫切。因此,推动数据跨境流动规范在健康医疗场景下的合理适用,应首先考虑群体安全和数据流动利用间的平衡。具体而言,负责数据安全评估的网信部门应与卫生健康主管部门协同,从健康医疗数据群体安全维度切入,以分级分类思想为指导,基于健康医疗数据跨境关涉的群体范围——数据跨境的量级,健康医疗数据跨境涉及的群体风险程度——例如数据跨境目的、场景等因素,结合现有数据出境标准合同、数据跨境安全评估制度,对健康医疗数据跨境风险机制进行体现行业特色的制度化。例如,量级小、基于公益目的、不涉及国家安全的健康医疗数据出境,

---

[1] 李爱君:《数据权利属性与法律特征》,载《东方法学》2018 年第 3 期。

[2] 《生物安全法》第 2 条规定:"本法所称生物安全,是指国家有效防范和应对危险生物因子及相关因素威胁,生物技术能够稳定健康发展,人民生命健康和生态系统相对处于没有危险和不受威胁的状态,生物领域具备维护国家安全和持续发展的能力。从事下列活动,适用本法:(一)防控重大新发突发传染病、动植物疫情;(二)生物技术研究、开发与应用;(三)病原微生物实验室生物安全管理;(四)人类遗传资源与生物资源安全管理;(五)防范外来物种入侵与保护生物多样性;(六)应对微生物耐药;(七)防范生物恐怖袭击与防御生物武器威胁;(八)其他与生物安全相关的活动。"

其涉及的群体风险较低,个人风险利益相对明显,可以仅需个人单独同意即可进行跨境;量级较大、基于公益目的、不涉及国家安全的健康医疗数据出境,由于涉及一定的群体安全利益,不仅需要个人同意,还需要采取技术处理进行去标识化、匿名化等方式,将群体安全风险控制在合理程度后予以出境;基于商业目的的健康医疗数据出境,则需要适用数据出境的一般规则;涉及国家安全的群体健康医疗数据(如基因数据),群体利益极为明显、重要,因此要严格限制出境,其出境不仅需要进行安全评估,还应根据《人类遗传资源管理条例》等规定的特别要求进行多重审查。[1]

## 第三节　利用 WHO 等多边框架推动建立国际数据跨境流动机制

### 一、当下：联合国框架下分散的数据议题平台

此前已经分析,加强和联合国的交流是推动健康医疗数据跨境的可行路径。在信息、数据安全领域,联合国已经开展了诸多工作。自 1998 年以来,信息安全问题一直被列入联合国议程,当时俄罗斯联邦在联合国大会提出并通过了一项关于信息安全问题的决议草案,随后联合国建立了政府专家组(UNGGE),讨论在国际安全背景下处理信息通信技术的安全和使用问题。[2] 2018 年 12 月,联合国大会通过决议设立了一个不限成员名额的信息安全开放式工作组(UNOEWG),向所有会员国开放。2020 年,联合国设立了一个新的信息和通信技术安全和使用工作组,为期五年,该工作组将定期

〔1〕 何晶晶、张心宇:《中国健康医疗数据跨境流动规制探析》,载《国际法研究》2022 年第 6 期。

〔2〕 UN:*Developments in the Field of Information and Telecommunications in the Context of International Security*, https://disarmament.unoda.org/ict-security/, Last accessed date:2023.7.15.

召开会议,直至2025年。[1] UNGGE机制与UNOEWG机制之间的关系是并列的,都属于联合国"政治—军事"派别的全球网络空间安全规则机制,核心任务都是力求通过对话协商达成全球网络空间治理国际规范共识,只不过前者是参与者有限的封闭式机制,后者是面向联合国所有成员开放的平台。[2] 并且,由于网络、数据议题的跨界属性突出,实际上参与网络、数据议题的联合国内部机构众多,见表11。[3]

**表11　联合国网络空间规则及标准建设架构**

| 联合国体系 | 网络空间规则 |
|---|---|
| 附属国际组织/机构 | 联合国大会(United Nations General Assembly,UNGA) |
| | 信息安全政府专家组(UNGGE,简称:政府专家组) |
| | 信息安全开放式工作组(Open-ended Working Group,OEWG,简称:开放式工作组) |
| | 网络犯罪政府专家组(Open-ended Intergovernmental Expert Group Meeting On Cybercrime,UNIEG) |
| | 联合国经济与社会理事会(United Nations Economic and Social Council,ECOSOC) |
| | 联合国裁军事务厅(United Nations Office for Disarmament Affairs,UNODA) |
| | 联合国人权理事会(United Nations Human Rights Council,UNHRC) |
| | 联合国教科文组织(United Nations Educational,Scientific and Cultural Organization UNESCO) |
| | 联合国开发计划署(United Nations Development Programme,UNDP) |

〔1〕 *UN:Developments in the Field of Information and Telecommunications in the Context of International Security*,https://disarmament.unoda.org/ict-security/,Last accessed date:2023.7.15.

〔2〕 唐润华、李志:《全球网络空间治理的新路径:联合国"双轨制"平台及中国参与》,载《未来传播》2022年第3期。

〔3〕 耿召:《政府间国际组织在网络空间规治中的作用:以联合国为例》,载《国际观察》2022年第4期。

续表

| 联合国体系 | 网络空间规则 |
| --- | --- |
| | 联合国贸易和发展会议(United Nations Conference on Trade and Development,UNCTAD) |
| 附属国际论坛 | 国际电信联盟(ITU)(侧重标准建设,偶有涉及规则构建) |
| | 信息社会世界峰会(World Summit on the Information Society,WSIS) |
| | 互联网治理论坛(Internet Governance Forum,IGF) |

## 二、未来:维护 WHO 在健康医疗数据跨境规制中的核心主导地位

可以发现世界卫生组织(WHO)的身影较少出现在网络、数据议题中。WHO 是全球卫生治理领域最具权威性与普遍性的国家间机构,根据《世界卫生组织法》,WHO 拥有指导和协调国际卫生工作的权力,负有促成国际健康研究合作、制定国际健康医疗标准、提供健康医疗领域情报等义务。[1] 因此,WHO 不仅拥有推动健康医疗数据跨境协调工作的权力,同时,由于世界卫生大会的决策采取的是一国一票的机制,能够较好照顾到那些在全球卫生治理中处于弱势的国家,WHO 受到大多数国家的信任,在促进全球卫生治理中发挥了关键乃至核心的作用。因此,WHO 在推动健康医疗数据跨境规制方面具备一定的信任基础和全球影响力。在新冠疫情期间,WHO 在病毒暴发初期就积极收集各国的病毒感染数据,一方面进行数据分析以监测疾病,掌握疾病的传播速度、严重程度和疾病范围等;另一方面 WHO 基于数据分析的结果编写并发布了一系列针对决策者、公众、医疗工作者等不同主

---

〔1〕 Constitution of the World Health Organization, The Constitution was adopted by the International Health Conference held in New York from 19 June to 22 July 1946, signed on 22 July 1946 by the representatives of 61 States (Off. Rec. Wld Hlth Org., 2,100), and entered into force on 7 April 1948. Amendments adopted by the Twenty-sixth, Twenty-ninth, Thirty-ninth and Fifty-first World Health Assemblies (resolutions WHA26.37, WHA29.38, WHA39.6 and WHA51.23) came into force on 3 February 1977, 20 January 1984, 11 July 1994 and 15 September 2005 respectively and are incorporated in the present text.

体的综合性技术指导，并根据疫情的发展不断更新信息。[1] WHO 也积极推动全球研究合作，旨在确定治疗 COVID－19 的救命药物“团结”试验就是其中一项前所未有的国际合作。为了提高“团结”试验合作效率，WHO 设置了通过在信息平台上以匿名形式电子输入每个患者的关键特征细节并分配治疗的程序，大大简化了对患者的登记和随机分组工作。[2] 可见，在数字化背景下，WHO 日常工作和危机应对工作的开展也离不开健康医疗数据跨境共享的支持。我国积极配合 WHO 开展新冠疫情研究工作，2020 年 6 月，国务院新闻办公室发布《抗击新冠肺炎疫情的中国行动》白皮书，其中提及中国在共同构建人类卫生健康共同体中的贡献，“同有关国家、世界卫生组织以及流行病防范创新联盟（CEPI）、全球疫苗免疫联盟（GAVI）等开展科研合作，加快推进疫苗研发和药物临床试验”。[3] 在新冠疫情抗战中，我国也积极贡献出了健康医疗数据，体现了大国担当。2020 年 11 月 21 日，习近平总书记在二十国集团领导人第十五次峰会第一阶段会议上的讲话中指出，“建立基于核酸检测结果、以国际通行二维码为形式的健康码国际互认机制”。[4] 可见，我国在面对新冠疫情这类全球性危机时，在健康医疗数据共享和数据跨境流动方面持有较为开放的态度。但是，据 WHO 总干事谭德塞在 2020 年 2 月 4 日 WHO 新冠病毒技术吹风会中介绍，新冠疫情中，有些高收入国家没有按照要求向 WHO 报告疫情状况，未与 WHO 共享数

---

〔1〕 *WHO：Coronavirus Disease（COVID－19）Pandemic*，https://www.who.int/emergencies/diseases/novel-coronavirus－2019.

〔2〕 *WHO COVID－19 Solidarity Therapeutics Trial*，https://www.who.int/zh/emergencies/diseases/novel-coronavirus－2019/global-research-on-novel-coronavirus－2019－ncov/solidarity-clinical-trial-for-covid－19－treatments.

〔3〕《抗击新冠肺炎疫情的中国行动》，载中国政府网，https://www.gov.cn/zhengce/2020－06/07/content_5517737.htm。

〔4〕 习近平：《在二十国集团领导人第十五次峰会第一阶段会议上的讲话》，载中国政府网，https://www.gov.cn/xinwen/2020－11/21/content_5563270.htm。

据。[1] 可见,在新冠疫情全球紧急合作互助的大趋势下,健康医疗数据跨境共享的矛盾已然浮现。因为健康医疗数据跨境共享意味着一国需要让渡部分权利,比如,放弃病毒信息、疫情信息等的主权主张,及时公开共享并配合世界卫生组织溯源调查,这可能和国家主权原则存在一定矛盾。[2]

综合而言,虽然在联合国框架内,针对数据、信息议题,存在诸多组织、机制。但是,在健康医疗数据跨境问题上,应当坚持WHO的核心地位。可以观察到,虽然健康医疗数据共享在抗击疫情中发挥了重要作用,但是最终追求的、真正起作用的并非健康医疗数据本身,而是经过汇总、挖掘后的有价值的疾病监测、治疗信息。也就是说,健康医疗数据虽然也被视为数据的一种类型,但是其"健康医疗"的属性可能强于"数据"的属性,在对于"健康医疗"的急迫追求下,信息无论是以口头、文字抑或数据形式传递,其所追求的目的、所欲实现的效果是一样的,只不过数据形式在信息化时代可能是更有效率的一种形式。基于此,"健康医疗数据跨境"问题,应当置于"健康医疗"领域来讨论。如果将其置于纯粹的"数据"领域讨论,将会迷失在纷繁的数据人权、数据主权等分散化争议中,而偏离治病救人这一最简单、纯粹的目的。因此,有关健康医疗数据跨境国际规则的推动、交流,应当置于WHO这一在健康医疗领域具有无可替代国际影响力的平台上,而非落入UNGGE、UNOEWG等政治、军事属性平台上。我国在疫情抗击中已经和WHO建立了友善的合作伙伴关系,将健康医疗数据跨境议题引向WHO平台,推动在重大疾病监测、治疗和科学研究等方面的数据全球合作,既有助于宣扬中国全球卫生治理观,构建"人类卫生健康共同体",也可以从健康医

[1] 蔡洁、俞顺洪:《全球卫生治理重塑中的世界卫生组织》,载《上海对外经贸大学学报》2021年第1期。

[2] 陈云良、陈伟伟:《习近平的全球卫生治理观及其实践引领》,载《中南大学学报(社会科学版)》2022年第3期。

疗领域切入探索更大范围数据跨境流动规则的构建。

当然,除了 WHO 以外,我国也应积极开展双边、多边合作,积累数据跨境外交经验。2022 年 12 月中共中央、国务院颁布的《关于构建数据基础制度更好发挥数据要素作用的意见》中指出,要“开展数据交互、业务互通、监管互认、服务共享等方面国际交流合作,推进跨境数字贸易基础设施建设,以《全球数据安全倡议》为基础,积极参与数据流动、数据安全、认证评估、数字货币等国际规则和数字技术标准制定。”2023 年 2 月,中共中央、国务院印发了《数字中国建设整体布局规划》,其中提到了要“统筹谋划数字领域国际合作,建立多层面协同、多平台支撑、多主体参与的数字领域国际交流合作体系,高质量共建‘数字丝绸之路’,积极发展‘丝路电商’”。2020 年 12 月,国家发展和改革委员会等四部门联合发布的《关于加快构建全国一体化大数据中心协同创新体系的指导意见》中指出,要围绕“一带一路”建设,加快推动数据中心联通共用,提升全球化信息服务能力。加速“一带一路”国际关口局、边境站、跨境陆海缆建设,沿途积极开展国际数据中心建设或合作运营。因此,我国也可以和“一带一路”沿线国家、世界贸易组织、二十国集团、亚太经合组织、金砖国家、上合组织等积极探索健康医疗数据共享机制。

## 第四节　成立基于信任的国家级健康医疗数据管理平台

随着大数据的发展,数据管理平台在信息收集、业务开展、监管等方面的作用越发凸显。目前,我国尚未建立专门性的健康医疗数据跨境管理平台。但是,我国已成立了一批支持医疗健康数据存储、共享的平台,主要包括政务和公共服务数据平台、科研数据平台、产业数据平台,这些平台运行部分涉及健康医疗数据跨境领域，因此这些平台的建设和运行经验可以为健康医疗数据跨境平台建设提供参考。

## 一、现有健康医疗平台建设运行情况

健康医疗领域的政务和公共服务数据平台推进较早。2009 年，为了推进以健康档案为核心的区域卫生信息化建设，促进区域卫生信息资源共享和业务整合，原卫生部办公厅发布了《基于健康档案的区域卫生信息平台建设指南（试行）》和《基于健康档案的区域卫生信息平台建设技术解决方案（试行）》。2010 年，我国在“十二五”期间提出了医疗信息化的“3521 工程”，即建设国家、省和地市 3 级卫生信息平台，加强公共卫生、医疗服务、新农合、基本药物制度和综合管理 5 项业务应用，建设居民电子健康档案、电子病历 2 个基础数据库和 1 个专用网络。[1] 2022 年 9 月，国务院办公厅发布《全国一体化政务大数据体系建设指南的通知》，其中展示了政务数据平台建设情况，“目前，覆盖国家、省、市、县等层级的政务数据目录体系初步形成，各地区各部门依托全国一体化政务服务平台汇聚编制政务数据目录超过 300 万条，信息项超过 2000 万个”，“截至目前，全国已建设 26 个省级政务数据平台、257 个市级政务数据平台、355 个县级政务数据平台”。但是需要注意的是，健康医疗领域的政务数据虽取得了一定成果，但是尚未建设完全，如图 7 所示，各个地方数据共享内容不一，目前公开的数据类型也较少，现阶段国家政务服务平台所聚集的地方健康医疗数据更像是单纯地聚集，而非融合。[2] 因此，协同相关部门加快建立健康医疗领域数据专题，完善全国一体化健康医疗政务大数据管理体系是下一步的重要工作。

---

〔1〕 王才有：《“十二五”卫生信息化发展规划研读》，载《中国卫生信息管理杂志》2012 年第 2 期。

〔2〕 国家政务服务平台，http://gjzwfw.www.gov.cn/fwmh/bmfw/index.do；国家卫生健康委员会政务服务平台，https://zwfw.nhc.gov.cn/cxx/。

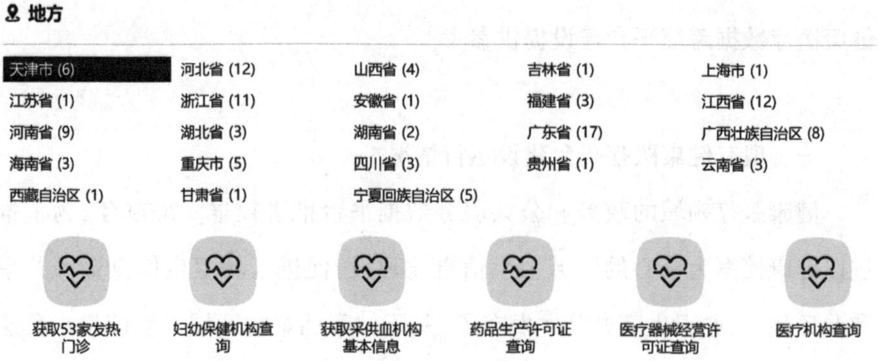


**图 7　国家政务服务平台医疗卫生地方数据共享情况**

**图 8　国家卫生健康委员会政务服务平台数据共享情况**

涉及健康医疗的科研数据开放共享平台目前主要有国家人口健康科学数据中心（National Population Health Data Center, NPHDC）和深圳国家基因库（China National GeneBank，CNGB）。[1] 如表12所示，两者在数据管理形式、数据开放范围上具有一定的相似性，都不排斥平台内健康医疗数据跨境。但是，具体的数据跨境机制并不清晰。

**表12　NPHDC和CNGB数据规则对比**

| | NPHDC | CNGB |
|---|---|---|
| 主管部门和运营管理组织 | 主管部门是国家卫生健康委员会，依托中国医学科学院建设 | 由国家发展和改革委员会、财政部、工业和信息化部、国家卫生健康委员会（原卫生部）四部委批复建设。由深圳国家高技术产业创新中心负责运行管理，委托深圳华大生命科学研究院开展运营工作 |
| 数据类型 | 集成涉及生物医学、基础医学、临床医学、药学、公共卫生、中医药学、人口与生殖健康等多方面的科学数据资源 | 整合了来源于国家基因库、NCBI、EBI、DDBJ等平台的数据，包括文献、变异、基因、蛋白质、序列、项目、样本、实验、测序、组装10个结构的大量分子数据和其他信息 |
| 数据管理形式 | 全社会开放共享、协议开放共享、领域共享等多种方式 | 包括公开、受控和私有。公开数据面向全球开放访问，接受用户的访问和下载。受控数据接受用户的访问和下载申请。私有数据仅递交者按需申请使用 |
| 数据开放范围 | 主要为国内生物医学健康数据管理使用和安全服务。在确保国家安全、数据安全的基础上，开展数据共享服务和国际合作交流 | CNGBdb提供的所有公开数据及数据服务，对于全世界用户免费开放 |

在数据商业化平台建设方面，目前实践中主要是一些数据交易平台。

[1] CNGB开放共享原则，https://db.cngb.org/data_share/；NPHDC数据共享服务，载国家科技资源共享服务平台，https://www.ncmi.cn/phda/support.html? type=aboutus。

截至2022年年底，全国已经成立48家数据交易机构，其中深圳数据交易所以深港数据交易合作机制为抓手，是推动数据跨境交易的主要数据交易所。[1] 深圳数据交易所完成了全国首笔场内跨境数据交易，截至2023年3月31日，深圳数据交易所已完成登记备案的数据交易总计625笔，其中跨境交易16笔，覆盖金融科技、数字营销、公共服务等106类应用场景，交易规模全国第一。[2] "深数交将陆续在前海深港现代服务业合作区、河套深港科技创新合作区开展数据交易合作试点，重点以跨境科学研究、金融科技、医疗服务、高等教育、交通运输以及健康码、数字证书和电子签名互认等为应用场景。"[3] 因此，深圳数据交易所可以作为未来健康医疗数据跨境的试验田。

## 二、对于国家级健康医疗数据管理平台的迫切需求

现有数据流动共享平台在建设和运行过程中也显露出一些问题。《全国一体化政务大数据体系建设指南的通知》中明确指出了当前阻碍数据平台统一化、协同化的障碍：第一，国家虽明确要建立政务数据共享协调机制，但是由于部分政务部门未明确政务数据统筹管理机构，因此数据共享管理机制不畅通；第二，由于当前数据共享需求不甚明确，数据共享制度尚在探索，存在供给不积极、供需不匹配、共享不充分、异议处理机制不完善、综合应用效能低等问题；第三，数据管理层面问题突出，缺乏一体化运营机制，跨地区、跨部门、跨层级数据综合分析需求难以满足，地方对国务院部门垂直管理需求迫切；第四，由于各地区、各部门产生和共享数据依据的技术标准、

---

[1] 《数字中国发展报告（2022）》，载商务预报网，https://cif.mofcom.gov.cn/cif/html/upload/20230524092441031_%E6%95%B0%E5%AD%97%E4%B8%AD%E5%9B%BD%E5%8F%91%E5%B1%95%E6%8A%A5%E5%91%8A%EF%BC%882022%E5%B9%B4%EF%BC%89.pdf。

[2] 《深圳数据交易所：建设具有国际影响力的全国性数据交易平台》，载深圳政府在线，http://www.sz.gov.cn/cn/xxgk/zfxxgj/bmdt/content/post_10586630.html。

[3] 《专访深数交王腾：开展深港、深澳跨境数据流通融合应用创新，探索安全规范合作模式》，载21经济网，http://www.21jingji.com/article/20220811/herald/943d58c0b3348637df4a904db65a084f.html。

管理规范不尽相同，政务数据缺乏统一有效的标准化支撑，导致运营成本增加；第五，政务数据安全保障机制薄弱，由于政务数据领域配套机制尚未完善，缺乏专业化的数据安全运营团队，在制度规范、技术防护、运行管理三个层面尚未形成数据安全保障的有机整体。[1] 数据交易平台监管协同也存在类似问题，在深圳数据跨境交易实践中，由于"深港两地在数据跨境流通方面的监管制度不统一，两地法律法规的历史根源、立法模式、规制方式以及司法确认也都有差异，数据安全、个人信息保护等标准也不统一，故导致跨境的协同监管难以实施。"[2]深圳和香港特别行政区就浮现出了诸多数据跨境阻碍，不难想象全球数据跨境流动的监管协同难度了。

这些问题的背后都反映了对于"统一"的迫切发展需求。2022 年 3 月，《中共中央、国务院关于加快建设全国统一大市场的意见》中提出，"加快建立全国统一的市场制度规则，打破地方保护和市场分割，打通制约经济循环的关键堵点，促进商品要素资源在更大范围内畅通流动"。可见，不只是数据领域因分散化、无组织而停滞不前，其他领域也都面临一定程度的因分散导致的发展停滞问题，当前分割——"统一"的反义词——已经是阻碍经济发展的头号问题了，"统一"是时代所催生的发展需求。

因此，成立一个国家级的数据平台，是当前数据平台发展的时代期许。诚然，由于涉及的利益、处理数据目的、市场化等不同，医疗健康政务数据平台、科研平台和数据交易平台之间存在一定的差异，但是各类平台都会面临一定的"失灵"风险，例如政治失灵、市场失灵、社会治理失灵等。因此，不仅需要成立一个国家级的数据平台，还需要这个平台具备特定的目的和功能，也即以解决"失灵"、维持一定秩序为目的对数据要素场内活动的各类主体

---

〔1〕《全国一体化政务大数据体系建设指南》(国办函〔2022〕102 号)。

〔2〕《专访深数交王腾：开展深港、深澳跨境数据流通融合应用创新，探索安全规范合作模式》，载 21 经济网，http://www.21jingji.com/article/20220811/herald/943d58c0b3348637df4a904db65a084f.html。

行动进行干预和控制，以监管机构的身份对被规制主体的意思自治和私权进行限制和制约。[1] 这一点在2022年12月发布的《中共中央、国务院关于构建数据基础制度更好发挥数据要素作用的意见》中也有体现，"引导多种类型的数据交易场所共同发展，突出国家级数据交易场所合规监管和基础服务功能，强化其公共属性和公益定位"，"统筹数据开发利用和数据安全保护，探索建立跨境数据分类分级管理机制"，"探索构建多渠道、便利化的数据跨境流动监管机制，健全多部门协调配合的数据跨境流动监管体系"。[2] 因此，当下健康医疗数据跨境的迫切需求也是成立一个国家级的数据管理平台，为健康医疗数据跨境划定一个监管风险红线。

## 三、"信任"：国家级健康医疗数据跨境平台建设的导向

客观来说，一个超级大国内部的统一市场的建设，不见得比国家间形成统一市场协议来得更容易，因为大国内部统一市场的建设也面临各地方政府利益诉求难以协调、市场一体化难以真正实现的困境。[3] 统一，需要时间。银联用了近十年实现银行卡在全国范围内的联网通用，[4] 一个国家级数据监管平台的建立更需要耐心。一个统一的、协同性平台的建立和稳定运行不仅需要时间，还需要条件，信任是其中的一个重要条件。信任是一种促进风险行动的机制，其能够使我们即使对被信任对象知之甚少的情况下，也能够放心地将自己的重大权益托付给对方的自由裁量权。[5] 健康医疗数

---

〔1〕 李悦：《激励与规制：公共数据授权运营的法律机制构建》，载《行政与法》2023年第6期。

〔2〕《中共中央、国务院关于构建数据基础制度更好发挥数据要素作用的意见》，载中国政府网，https://www.gov.cn/zhengce/2022-12/19/content_5732695.htm。

〔3〕 刘志彪、孔令池：《从分割走向整合：推进国内统一大市场建设的阻力与对策》，载《中国工业经济》2021年第8期。

〔4〕《中国银联发展历程》，载中国银联官网，https://cn.unionpay.com/upowhtml/cn/templates/newInfo-nosub/79a832ebe9454df38c76bc07d1bca2dd/20210521195735.html。

〔5〕 伍德志：《论法律信任建构的反向逻辑：不信任的制度化及其功能》，载《暨南学报（哲学社会科学版）》2023年第3期。

据跨境涉及公民、市场、国家等不同维度，因此健康医疗数据跨境国家级平台的建设和长久运行需要照顾到不同主体的信任来源，需要建立综合性的信任运行机制。建立“系统信任”是一个可行路径，也即通过促进系统间的相互理解，围绕一个影响大一些的“全社会性计划”，以稳定相互间的期望，使之成为今后行动上自我约束和自我限制的基础，信任其他系统的规范和运作方式。[1] 系统信任假定是系统而不是个人在发挥功能，人们信任的是系统的抽象功能而不是具体个人。[2] 这种信任更为安全和稳定。数据是一个包含各子系统的复杂大系统，因此通过建立起子系统之间的信任，从而实现整个社群、整个系统生态的信任是更为契合当前时代背景的发展路径。因此，当前不仅应建立一个国家级的健康医疗数据跨境管理平台，更应建立一个以促进系统信任为目的的国家级健康医疗数据跨境平台。

## 第五节　运用合规科技促进健康医疗数据出境风险管控

### 一、风险管控的时代工具：合规技术

近年来，随着大数据产业的发展，数据安全、个人信息保护日益被重视，合规技术也成为社会各界关注的焦点。对合规技术的重视背后受到法律、观念和舆论等社会因素的调节，因此其一定程度上是社会选择的结果。[3] 在其发展中，法律起到了较大作用，法律对于科技合规的价值肯定为合规技术的发展提供了驱动力。《数据安全法》第 16 条明确，“国家支持数据开发

---

〔1〕 鲍勃·杰索普、漆燕：《治理的兴起及其失败的风险：以经济发展为例》，载《国际社会科学杂志（中文版）》2019 年第 3 期。

〔2〕 [英]安东尼·吉登斯：《现代性的后果》，田禾译，译林出版社 2000 年版，第 23 页。

〔3〕 李凌：《隐私保护技术变革的价值逻辑、困境及方向》，载《新闻与写作》2022 年第 1 期。

利用和数据安全技术研究,鼓励数据开发利用和数据安全等领域的技术推广和商业创新,培育、发展数据开发利用和数据安全产品、产业体系”。《数据安全法》第27条设置了数据安全保护义务,规定了“开展数据处理活动应当依照法律、法规的规定,建立健全全流程数据安全管理制度,组织开展数据安全教育培训,采取相应的技术措施和其他必要措施,保障数据安全”。无论是对于数据安全技术发展的鼓励态度,还是将数据安全技术措施视为履行数据安全保护义务的一种形式,都显示了对数据合规科技的重视程度。实践中,数据合规技术在健康医疗领域拥有广泛的应用空间。例如,针对电子病历数据安全,美国《医疗电子交换法案》(HIPAA)就规定了需要剔除的18种可能用来识别个人的标识符,这就促生了医疗数据脱敏技术的广泛需求。因此,数据合规科技的发展虽然受观念选择驱动,但也具有坚实的实践支撑。

针对健康医疗数据跨境的需求,现阶段所需的合规科技主要是一些隐私保护技术。隐私保护技术泛指一类保护数据隐私的数据处理和计算技术。目前主流研究方向和技术包括但不限于同态加密、联邦学习、差分隐私、多方安全计算等。国家也大力支持上述合规技术的发展,工信部2021年发布的《网络安全产业高质量发展三年行动计划(2021—2023年)(征求意见稿)》中将联邦学习、多方安全技术、隐私计算、密态计算等技术列为重点领域网络安全供给。[1] 2023年1月工信部发布的《关于促进数据安全产业发展的指导意见》提出要支持后量子密码算法、密态计算等技术在数据安全产业的发展应用,加强隐私计算、数据流转分析等关键技术攻关。

当前,数据合规技术的发展也初具规模。一方面,针对不同合规需求、合规期望的技术不断出现。例如,数据脱敏或去标识化技术是指对敏感信息通过脱敏规则进行数据的变形从而实现敏感隐私数据的可靠保护,因此

---

[1] 《网络安全产业高质量发展三年行动计划(2021—2023年)(征求意见稿)》,载工业和信息化部官网2021年7月12日,https://wap.miit.gov.cn/gzcy/yjzj/art/2021/art_34f89fff961b4862bf0c393532e2bf63.html。

适用于个人数据预处理;数据安全网关能够对涉及敏感数据的 API 接口进行识别,因此有助于构建安全可控的数据出境链路;数据安全加密技术保障出境数据存储安全;隐私计算是一种保障数据在流通与应用过程中“可用不可见”的技术,因此可以实现保护数据出境场景中的原始信息安全的目的;区块链具有防篡改、可追溯、可信任的特征,因此适合运用于区块链存证的出境事件稽核溯源。[1] 另一方面,合规技术的丰富,诞生、壮大了一批数据跨境技术商,例如,奇安信、深信服等数据跨境技术供应商,提供了流量采集与还原、跨境数据内容识别、跨境敏感数据传输检测等数据跨境多样化服务。[2] 可以发现,现阶段数据合规技术已经逐步体系化、整体化,随着大型数据跨境技术供应商的出现和发展,数据跨境技术产业链更为稳固,满足健康医疗数据跨境整体性需求的实力更强,在健康医疗数据跨境中能够发挥的作用也更加显著。因此,健康医疗数据处理者可以根据自己数据跨境的安全需求,选择性搭配适用不同的合规技术,通过数据加密、数据脱敏、数据监测等技术组与医疗健康行业知识、专业监管知识有效组合起来,在健康医疗数据出境管理平台上实现数据跨境流动合规全流程可视化,助力全流程合规。[3]

## 二、合规技术的深层价值:满足健康医疗数据跨境整体性治理需求

数据合规技术在健康医疗领域应用背后存在持续性地整体治理需求。前述已经提及,数字技术成为物质空间与信息空间相互连接、切换与融合的媒介,将分散的社会场景链接起来,使社会系统内部的互动加强。其实,无论是否数字化,医疗健康领域本身的链接性就十分明显,其链接医院、病人、

---

〔1〕《跨境数据流通合规与技术应用白皮书(2022 年)》,载数字菁英网,https://www.digitalelite.cn/h-nd-5751.html。

〔2〕《数据跨境卫士》,载奇安信网,https://www.qianxin.com/product/detail/pid/472。

〔3〕 何晶晶、张心宇:《中国健康医疗数据跨境流动规制探析》,载《国际法研究》2022 年第 6 期。

科研、保险等多个领域,数字化只是使得这种链接规模更大、速度更快。因此,医疗健康领域天然的多链性催生了建基于信息技术发展的整体性风险管控。如表13所示,相较于传统官僚治理制度、公共管理治理模式,整体性治理所聚焦的是协调、合作、整合运作中的碎片化问题,其借助信息技术的发展,通过网络式的组织形态,充分发挥多元主体的资源和优势从而形成强大的治理合力,以更快、更好、成本更低地满足公众需求。[1]

**表13　三种公共治理范式的内容比较**

| | 传统官僚制 | 新公共管理 | 整体性治理 |
|---|---|---|---|
| 时期 | 1980年以前 | 1980~2000年 | 2000年以后 |
| 管理理念 | 公共部门形态管理 | 私人部门形态管理 | 公私合作/中央地方合作 |
| 运作原则 | 功能性分工 | 政府功能部分整合 | 政府整合型运作 |
| 组织形态 | 层级节制 | 直接专业管理 | 网络式服务 |
| 核心关怀 | 依法行政 | 运作标准与绩效指标 | 满足公众需求 |
| 成果检验 | 注重投入 | 注重产出 | 注重结果 |
| 权力运作 | 集权 | 分权 | 扩大授权 |
| 财务运作 | 公务预算 | 竞争 | 整合型预算 |
| 文官规范 | 法律规范 | 纪律与节约 | 公务伦理与价值 |
| 运作资源 | 运用人力 | 信息科技 | 网络治理 |
| 政府服务项目 | 政府提供各种服务 | 强化中央政府掌舵能力 | 政府整合解决公共问题 |
| 时代特征 | 政府运作的逐步摸索改进 | 政府引入竞争机制 | 政府制度与公众需求、科技、资源高度整合 |

〔1〕　胡象明、唐波勇:《整体性治理:公共管理的新范式》,载《华中师范大学学报(人文社会科学版)》2010年第1期。

随着全球化的发展,风险范围的扩张也促使整体性治理范围的扩大,突破一国疆界而延伸至区域乃至全球。因此,健康医疗数据跨境不仅涉及一国境内数据治理制度安排,还是典型的区域性、全球性、综合性的治理问题。技术可以在其中发挥“中介”作用以构建数据跨境桥梁,当前一些“数据空间”就是技术促进数据跨境全球合规的创新安排,其依据共同的技术标准搭建了数据跨境流动的一致合规框架,提升不同区域数据汇集、访问、处理和共享的可信任性。

### 三、国际技术标准:合规科技的发展助力和影响扩大器

在数据跨境中运用合规技术的优势不仅在于其可以使一国在数据跨境流动时获得一定程度的技术保障以降低风险,而且在当前合规科技成为全球选择的情况下,健康医疗数据合规技术国际标准的建立将有助于推进全球健康医疗数据跨境风险管控机制的进程。现阶段,我国尚未制定健康医疗数据跨境技术标准,两个和数据跨境流动关联密切的国家标准正处于征求意见阶段,包括 20230255 – T – 469《信息安全技术　个人信息跨境传输认证要求》和 20192292 – T – 320《金融数据跨境安全要求》。[1] 其中,《金融数据跨境安全要求》对金融数据跨境的安全框架、原则、安全流程和安全保障等内容以标准的形式进行了固定和明确,特别是在数据跨境流动安全流程部分(见图 9),其针对每个关键节点都明确了相应的安全要求。其中,数据跨境安全方案是管理整个数据跨境流程的指南针,数据发送方、数据接收方的行动和义务都受其规制。《金融数据跨境安全要求》

---

〔1〕 国家信息安全标准化技术委员会:《信息安全技术　个人信息跨境传输认证要求》,载 https://www.tc260.org.cn/front/bzzqyjList.html? start = 0&length = 10;中国人民银行:《金融数据跨境安全要求》,载 https://std.samr.gov.cn/gb/search/gbDetailed? id = 6A92CDA857A96EE8E05397BE0A0A9CC8。

规定,"金融数据跨境安全方案应优先参考国际标准及数据发送方和接收方的有关国家标准、行业标准"。[1] 可见,国际标准、国家标准、行业标准在数据跨境中可以发挥重要作用。当前,有关健康医疗数据跨境的专门标准尚未制定,可以参考《金融数据跨境安全要求》,基于健康医疗数据的特性、健康医疗数据跨境典型场景、健康医疗数据跨境流程等内容,制定健康医疗数据跨境专门性的国家标准,对一些技术性内容予以规范,从而助力健康医疗数据跨境合规科技的发展,进一步发挥合规科技在健康医疗领域的"向善"作用。

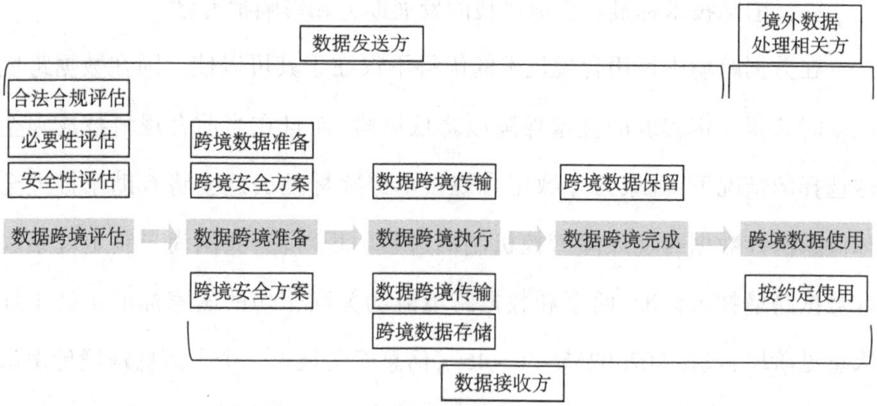


**图9　20192292－T－320《金融数据跨境安全要求》中的数据跨境流程**

国际标准层面,涉及数据跨境的技术标准相对较少,现阶段主要是ISO、IEC 制定的三项国际标准, ISO/IEC 27001 Information security management systems、ISO/IEC 27002 Information security, cybersecurity and privacy protection – Information security controls 和 ISO/IEC 27701 Security techniques – Extension to ISO/IEC 27001 and ISO/IEC 27002 for privacy information management – Requirements and guidelines。其中,ISO/IEC 27701

〔1〕《金融数据跨境安全要求》(征求意见稿)"7.3　数据跨境准备"。

概述了一套全面的隐私信息控制规则,可以映射到各种法规,包括GDPR。[1] 可见,技术标准可以将一国的数据治理理念编写进来,通过技术标准这类更易接受的方式扩大本国数据跨境治理制度的影响范围。因此,下一步我国不仅要制定适用于本国境内的健康医疗数据跨境国家标准,以规范健康医疗数据合规科技的发展,还应探索将现有国家技术标准上升为国际标准的可能,实现既能通过技术手段满足健康医疗数据跨境的整体性治理需求,也能探索扩大我国数据跨境理念影响力的技术路径的目标。

[1] *ISO*:"*Keeping Cyberspace Safe for* 30 *Years*", ISO, https://www.iso.org/news/ref2563.html.

# 第八章　结　　语

## 第一节　发现与预测健康医疗数据跨境风险：防患于未然

健康医疗数据是数据安全管理长久以来一直关注的重点领域，健康医疗数据的合理有效利用更是焦点议题。健康医疗数据跨境流通活动的安全性、合规性与有序性对于医疗领域内的资源优化配置、各种疾病临床诊断和治疗的实践、当代医疗水平的整体提升均具有无可比拟的重大意义，但是高回报也意味着高风险，与健康医疗数据跨境流通活动所带来的诸多益处相伴而来的是从个人权益保护层面到国家安全层面均不容忽视的安全隐患与风险敞口。上至国家权力机关下至各基层基础医疗机构均有如此的认识，健康医疗数据跨境规制已经成为习近平新时代中国特色社会主义思想下中国健康医疗领域的行业创新性发展、现代化推进以及国际化联合开拓的必然要求，更是将现代医学行业内大数据飞速发展的成果安全、有效地应用于造福患者、加强个人信息权益保护与推动实现我国临床医学高质量飞跃的应有之义。

健康医疗数据所涵盖的敏感信息种类之繁多与数量之庞大对健康医疗数据的各项数据处理活动安全风险的发现与预测的重要性自无须多言,而在这一过程中,如何能真正做到将在实践中发现的问题归于实践来解决,具体而言便是将在健康医疗数据跨境活动中面临的风险与挑战放到健康医疗数据跨境流通规制中来规避和战胜。

防患于未然,前面对风险的种类与危害程度已作详尽阐述,而发现与预测风险的意义在于避免风险发生,同时这要求健康医疗数据跨境规制的前瞻性与完整性达到一定的高度,只有这样才能够最大限度地避免所预测的风险和隐患化为实际的事故。诚然,无论如何探索与预测都无法做到百分之百地规避全部风险与隐患,但是至少在无尽的演练与探索中才具有触碰到这个领域的一切未知的可能性。亡羊补牢实则已晚,健康医疗数据跨境活动风险的发现与预测所追求的理想状态是当健康医疗数据跨境活动中可能引发的安全风险与隐患初见端倪时,便在中国现行法律法规的原则性规定以及健康医疗数据跨境流通规制的细化规定联合夹击之下被扼杀在摇篮中,使得规制这把利刃适时出鞘,深度挖掘健康医疗数据价值,提升医疗服务质效从而保障健康医疗数据跨境活动根本目标的有序实现。

## 第二节 健康医疗数据跨境规制目标:规范与活力

健康医疗数据跨境规制着眼于飞速发展的数字经济时代和当今世界百年未有之大变局,在不断转型不断进步的医疗行业对与其自身日益提升的医学技术相匹配的领域内数据处理活动规制需求中应运而生。经济全球化的大趋势下环球经济体成员无一不在追逐、竞争,以求能在日益激烈的竞争趋势下率先拔得头筹,建立具有足够支撑力的优势,但无论以何种经济发展战略为蓝图,一个国家的民生领域和科技领域都会是恒久不变的战略要塞。

讨论到当下,我国已经迈出了关键的第一步,对数据跨境流通规制的探索一定程度上有了初步成效并且建设了一个基础化的数据跨境活动制度体系架构雏形,但是这个架构雏形的高度与宽度仍有很大提升空间。更具体地说,当前与数据跨境流通活动相关联的各个行业领域内的数据跨境场景化制度配套搭建细则都有待明确。至于如何完善基础化的数据跨境活动制度体系架构,如何明确数据跨境流通活动相关联的各个行业领域内的数据跨境场景化制度配套搭建细则,需要宏观着手搭建数据跨境活动制度体系架构的上层国家公权力机关和下层实际参与数据跨境流通活动场景的各个行业领域数据处理者同心协力,既需要规范约束,也需要活力生长。在以公权力为中心对健康医疗数据跨境活动进行调整干预的同时想要激发其活力,便要在开展健康医疗数据跨境流通规制过程中充分考量到——如何保障行业在有需求、有规制的基础上能够进一步有空间、有秩序地开展数据跨境流通活动。

如何在以国家公权力机关为主导的健康医疗数据跨境规制下仍然保持健康医疗数据跨境流通的活力?讨论此问题,要回归到“规制”的本质。首先要明确规制不可与限制画等号,健康医疗数据跨境流通规制中所谓的规制是追求促进社会的良性发展,而过分严格的限制尺度带来的结果往往是医疗行业受限,矫枉过正导致医疗水平下降,不进反退。健康医疗数据跨境流动规制应有相应的限度,从而避免阻滞医疗行业的正常发展。揠苗实非助长,科学平衡规制尺度与流通自由之间的矛盾、合理把握自由的限度也是对健康医疗数据跨境流动规制本质特征的根本遵循。推进健康医疗数据跨境流通活动安全平稳且有序地开展,需要着力处理好国家公权力机关对健康医疗数据跨境流通活动宏观调控干预的“规范”与健康医疗机构合理进行健康医疗数据跨境流通活动的“活力”之间的关系。明确坚持稳字当头,坚持国家公权力机关的干预与调整规范要稳步而健全，提高规范的前瞻性、完整性、有效性；而健康医疗机构的健康医疗数据跨境流通活动要在合理空间范围内开展并保持适当的活力，保证健康医疗数据跨境流通活动的生命力。

## 第三节 健康医疗数据跨境规制实现：法治与自治

健康医疗数据跨境规制的科学有效实现，需要着眼于两部分：上层法治宏观调控，下层自治自我督促。一方面，我国为社会主义法治国家，依法治国是我国的基本原则，体现在社会生活的方方面面，健康医疗行业事关百姓的生命健康亦是民生领域的重中之重，国家在网络安全与数据安全领域颁发多部基础性法律以构建中国网络和数据安全保护的基本制度框架，并指导卫生健康行业在框架内能够找到基础制度保障，而落实到健康医疗领域数据跨境流通活动中亦是相同，健康医疗数据跨境规制以国家公权力机关为主体，以国家强制力为支撑，对数据跨境活动进行干预与调整，对超出合理限度的高风险跨境活动加以阻止，对在合理限度内有利于实现数据价值的数据跨境活动采取管控监督与释放行业活力并行的策略。另一方面，将自治与法治相结合使得二者相得益彰，各行业领域内拟开展的数据跨境活动务必响应法律法规与政策要求，积极采取各项措施，具体落实到健康医疗数据跨境活动上，更要结合健康医疗数据跨境活动存在的各个类型重大风险，具体问题具体分析。尽管有许多健康医疗数据跨境活动是出于公益、科研或者治病等合法合理目的，但是目的的合法性与合理性并不当然成为法律法规对于数据跨境活动不合规评价的豁免事由。在健康医疗数据跨境活动中，国家数据安全风险、个人隐私泄露风险、遗传学资料流失风险等重大风险带来的数据安全隐患更加需要数据权利主体以及切实接触数据的数据处理者在公权力进行干预之前便对数据处理活动开展监督与自我监督。健康医疗数据处理者应当提升自我的数据合规保障能力,树立数据出境合规意识,对健康医疗数据处理活动进行自我规范、自我改进,对于健康医疗数据的跨境流通活动更要严格要求。健康医疗数据处理者对自我的要求不仅限于在健康医疗数据跨境活动安全事故发生之前即确保数据处理者已经采取措施来保障数据在跨境传输和存储过程中的安全性和可控性,还要更进一步追溯到对健康医疗数据的收集、使用和共享行为中,即使在当今环球经济体中发生的数据跨境活动面临着不同的法律和法规要求同时缺乏统一的国际标准和规范,仍要通过共同的努力争取建立跨境数据共享的信任机制。

## 第四节　健康医疗数据跨境规制愿景:共享"数据红利"

数字化技术的发展和应用,带来许多经济效益和社会福利的数字红利。包括互联网、物联网、人工智能、云计算等的数字化技术应用使得企业、政府和社会能够更好地利用数据资源,提高了生产效率和服务质量。可以看出,理想数字红利的实现一方面需要依赖于数字化技术的不断发展,另一方面也需要国家、社会和个人的共同努力。谋求数字红利的实际场景非常广泛,带来的益处数不胜数,其中很重要的一点便是建立数字化技术可以打破地域限制广泛地流通,使得资源价值可以得到更充分的利用,为了在获取益处的同时对抗数字化技术带来的数据安全和隐私保护问题,健康医疗数据跨境规制便作为数据跨境流通过程安全护盾的角色,健康医疗数据跨境规制生发于日益增长的健康医疗数据跨境流动需求与其不可避免带来的安全风险之防控缺口,立足于国家公权力机关为落实数据跨境有关规则和发挥健康医疗数据价值效用而实施的干预或调整,展望于在国家干预或调整下进一步安全、稳健、高效地促进数据的有效使用，发挥数据效能与价值。

诚然，当前健康医疗跨境规制仍然面临着许多问题与挑战，但是对于健康医疗数据跨境规制的探索实践亦从未止步。

未来，健康医疗数据跨境规制是促进数据安全有效使用保护的一部分，充分发挥数据跨境流通规制的监督功能，在跨境流通过程中确保具有较高安全风险的数据符合严格的出境限制要求，坚守安全底线，监督数据处理活动，切实响应规制采取安全措施。健康医疗数据跨境规制着眼于数据跨境活动的风险控制，针对健康医疗领域的数据跨境活动作出进一步的细化规定。在数字经济时代，不仅数据总量日益爆发式增长，各个行业领域内数据处理者的数据处理能力亦有大幅提升，各个行业领域的进步同样推动了数据价值的深度开发，数据已然成为市场化建设的重要元素，在全球化经济竞争中更成为王牌利器，具有重大而深远的战略意义。健康医疗数据跨境规制不仅具有保障健康医疗数据跨境流通活动的意义，甚至不局限于健康医疗领域，而会延伸到各行各业的数据处理活动中。民生领域、科技领域之外的其他领域无穷无尽有待开发的数据价值都会在这一领域的创制中得到启发，医疗健康领域的规制创建意义远超这个领域，数据的价值亦不局限于数据。

综上所述，数字红利不仅体现于健康医疗数据跨境流动规制能够促进数据安全高效流通，充分发挥海量数据的规模优势。健康医疗数据跨境流动规制也扮演了数据主体权益“保护者”的角色，切实维护数据主体合法权益，助力数据主体的数据提供行为获得其所追求的同时是其应有的回报，进一步助力数据处理活动的各方主体在健康医疗数据跨境流通活动合法合规的基础上真正能够携手并进，共享数字红利。

# 附录:相关规定

## 一、法 律 法 规

### 1. 中华人民共和国个人信息保护法

(2021 年 8 月 20 日第十三届全国人民代表大会常务委员会第三十次会议通过　中华人民共和国主席令第 91 号　2021 年 8 月 20 日公布　自 2021 年 11 月 1 日起施行)

#### 第一章　总　　则

**第一条**　为了保护个人信息权益,规范个人信息处理活动,促进个人信息合理利用,根据宪法,制定本法。

**第二条**　自然人的个人信息受法律保护,任何组织、个人不得侵害自然人的个人信息权益。

**第三条**　在中华人民共和国境内处理自然人个人信息的活动,适用本法。

在中华人民共和国境外处理中华人民共和国境内自然人个人信息的活动，有下列情形之一的，也适用本法：

（一）以向境内自然人提供产品或者服务为目的；

（二）分析、评估境内自然人的行为；

（三）法律、行政法规规定的其他情形。

**第四条** 个人信息是以电子或者其他方式记录的与已识别或者可识别的自然人有关的各种信息，不包括匿名化处理后的信息。

个人信息的处理包括个人信息的收集、存储、使用、加工、传输、提供、公开、删除等。

**第五条** 处理个人信息应当遵循合法、正当、必要和诚信原则，不得通过误导、欺诈、胁迫等方式处理个人信息。

**第六条** 处理个人信息应当具有明确、合理的目的，并应当与处理目的直接相关，采取对个人权益影响最小的方式。

收集个人信息，应当限于实现处理目的的最小范围，不得过度收集个人信息。

**第七条** 处理个人信息应当遵循公开、透明原则，公开个人信息处理规则，明示处理的目的、方式和范围。

**第八条** 处理个人信息应当保证个人信息的质量，避免因个人信息不准确、不完整对个人权益造成不利影响。

**第九条** 个人信息处理者应当对其个人信息处理活动负责，并采取必要措施保障所处理的个人信息的安全。

**第十条** 任何组织、个人不得非法收集、使用、加工、传输他人个人信息，不得非法买卖、提供或者公开他人个人信息；不得从事危害国家安全、公共利益的个人信息处理活动。

**第十一条** 国家建立健全个人信息保护制度，预防和惩治侵害个人信息权益的行为，加强个人信息保护宣传教育，推动形成政府、企业、相关社会组织、公众共同参与个人信息保护的良好环境。

**第十二条** 国家积极参与个人信息保护国际规则的制定，促进个人信息保护方面的国际交流与合作，推动与其他国家、地区、国际组织之间的个人信息保护规则、标准等互认。

## 第二章 个人信息处理规则

### 第一节 一般规定

**第十三条** 符合下列情形之一的，个人信息处理者方可处理个人信息：

（一）取得个人的同意；

（二）为订立、履行个人作为一方当事人的合同所必需，或者按照依法制定的劳动规章制度和依法签订的集体合同实施人力资源管理所必需；

（三）为履行法定职责或者法定义务所必需；

（四）为应对突发公共卫生事件，或者紧急情况下为保护自然人的生命健康和财产安全所必需；

（五）为公共利益实施新闻报道、舆论监督等行为，在合理的范围内处理个人信息；

（六）依照本法规定在合理的范围内处理个人自行公开或者其他已经合法公开的个人信息；

（七）法律、行政法规规定的其他情形。

依照本法其他有关规定，处理个人信息应当取得个人同意，但是有前款第二项至第七项规定情形的，不需取得个人同意。

**第十四条** 基于个人同意处理个人信息的，该同意应当由个人在充分知情的前提下自愿、明确作出。法律、行政法规规定处理个人信息应当取得个人单独同意或者书面同意的,从其规定。

个人信息的处理目的、处理方式和处理的个人信息种类发生变更的,应当重新取得个人同意。

**第十五条** 基于个人同意处理个人信息的,个人有权撤回其同意。个人信息处理者应当提供便捷的撤回同意的方式。

个人撤回同意,不影响撤回前基于个人同意已进行的个人信息处理活动的效力。

**第十六条** 个人信息处理者不得以个人不同意处理其个人信息或者撤回同意为由,拒绝提供产品或者服务;处理个人信息属于提供产品或者服务所必需的除外。

**第十七条** 个人信息处理者在处理个人信息前,应当以显著方式、清晰易懂的语言真实、准确、完整地向个人告知下列事项:

(一)个人信息处理者的名称或者姓名和联系方式;

(二)个人信息的处理目的、处理方式,处理的个人信息种类、保存期限;

(三)个人行使本法规定权利的方式和程序;

(四)法律、行政法规规定应当告知的其他事项。

前款规定事项发生变更的,应当将变更部分告知个人。

个人信息处理者通过制定个人信息处理规则的方式告知第一款规定事项的,处理规则应当公开,并且便于查阅和保存。

**第十八条** 个人信息处理者处理个人信息,有法律、行政法规规定应当保密或者不需要告知的情形的,可以不向个人告知前条第一款规定的事项。

紧急情况下为保护自然人的生命健康和财产安全无法及时向个人告知的,个人信息处理者应当在紧急情况消除后及时告知。

**第十九条** 除法律、行政法规另有规定外,个人信息的保存期限应当为实现处理目的所必要的最短时间。

**第二十条** 两个以上的个人信息处理者共同决定个人信息的处理目的和处理方式的，应当约定各自的权利和义务。但是，该约定不影响个人向其中任何一个个人信息处理者要求行使本法规定的权利。

个人信息处理者共同处理个人信息，侵害个人信息权益造成损害的，应当依法承担连带责任。

**第二十一条** 个人信息处理者委托处理个人信息的，应当与受托人约定委托处理的目的、期限、处理方式、个人信息的种类、保护措施以及双方的权利和义务等，并对受托人的个人信息处理活动进行监督。

受托人应当按照约定处理个人信息，不得超出约定的处理目的、处理方式等处理个人信息；委托合同不生效、无效、被撤销或者终止的，受托人应当将个人信息返还个人信息处理者或者予以删除，不得保留。

未经个人信息处理者同意，受托人不得转委托他人处理个人信息。

**第二十二条** 个人信息处理者因合并、分立、解散、被宣告破产等原因需要转移个人信息的，应当向个人告知接收方的名称或者姓名和联系方式。接收方应当继续履行个人信息处理者的义务。接收方变更原先的处理目的、处理方式的，应当依照本法规定重新取得个人同意。

**第二十三条** 个人信息处理者向其他个人信息处理者提供其处理的个人信息的，应当向个人告知接收方的名称或者姓名、联系方式、处理目的、处理方式和个人信息的种类，并取得个人的单独同意。接收方应当在上述处理目的、处理方式和个人信息的种类等范围内处理个人信息。接收方变更原先的处理目的、处理方式的，应当依照本法规定重新取得个人同意。

**第二十四条** 个人信息处理者利用个人信息进行自动化决策，应当保证决策的透明度和结果公平、公正，不得对个人在交易价格等交易条件上实行不合理的差别待遇。

通过自动化决策方式向个人进行信息推送、商业营销，应当同时提供不针对其个人特征的选项，或者向个人提供便捷的拒绝方式。

通过自动化决策方式作出对个人权益有重大影响的决定，个人有权要求个人信息处理者予以说明，并有权拒绝个人信息处理者仅通过自动化决策的方式作出决定。

**第二十五条** 个人信息处理者不得公开其处理的个人信息，取得个人单独同意的除外。

**第二十六条** 在公共场所安装图像采集、个人身份识别设备，应当为维护公共安全所必需，遵守国家有关规定，并设置显著的提示标识。所收集的个人图像、身份识别信息只能用于维护公共安全的目的，不得用于其他目的；取得个人单独同意的除外。

**第二十七条** 个人信息处理者可以在合理的范围内处理个人自行公开或者其他已经合法公开的个人信息；个人明确拒绝的除外。个人信息处理者处理已公开的个人信息，对个人权益有重大影响的，应当依照本法规定取得个人同意。

## 第二节 敏感个人信息的处理规则

**第二十八条** 敏感个人信息是一旦泄露或者非法使用，容易导致自然人的人格尊严受到侵害或者人身、财产安全受到危害的个人信息，包括生物识别、宗教信仰、特定身份、医疗健康、金融账户、行踪轨迹等信息，以及不满十四周岁未成年人的个人信息。

只有在具有特定的目的和充分的必要性，并采取严格保护措施的情形下，个人信息处理者方可处理敏感个人信息。

**第二十九条** 处理敏感个人信息应当取得个人的单独同意；法律、行政法规规定处理敏感个人信息应当取得书面同意的，从其规定。

**第三十条** 个人信息处理者处理敏感个人信息的，除本法第十七条第一款规定的事项外，还应当向个人告知处理敏感个人信息的必要性以及对个人权益的影响；依照本法规定可以不向个人告知的除外。

**第三十一条** 个人信息处理者处理不满十四周岁未成年人个人信息的，应当取得未成年人的父母或者其他监护人的同意。

个人信息处理者处理不满十四周岁未成年人个人信息的，应当制定专门的个人信息处理规则。

**第三十二条** 法律、行政法规对处理敏感个人信息规定应当取得相关行政许可或者作出其他限制的，从其规定。

### 第三节 国家机关处理个人信息的特别规定

**第三十三条** 国家机关处理个人信息的活动，适用本法；本节有特别规定的，适用本节规定。

**第三十四条** 国家机关为履行法定职责处理个人信息，应当依照法律、行政法规规定的权限、程序进行，不得超出履行法定职责所必需的范围和限度。

**第三十五条** 国家机关为履行法定职责处理个人信息，应当依照本法规定履行告知义务；有本法第十八条第一款规定的情形，或者告知将妨碍国家机关履行法定职责的除外。

**第三十六条** 国家机关处理的个人信息应当在中华人民共和国境内存储；确需向境外提供的，应当进行安全评估。安全评估可以要求有关部门提供支持与协助。

**第三十七条** 法律、法规授权的具有管理公共事务职能的组织为履行法定职责处理个人信息，适用本法关于国家机关处理个人信息的规定。

## 第三章　个人信息跨境提供的规则

**第三十八条**　个人信息处理者因业务等需要，确需向中华人民共和国境外提供个人信息的，应当具备下列条件之一：

（一）依照本法第四十条的规定通过国家网信部门组织的安全评估；

（二）按照国家网信部门的规定经专业机构进行个人信息保护认证；

（三）按照国家网信部门制定的标准合同与境外接收方订立合同，约定双方的权利和义务；

（四）法律、行政法规或者国家网信部门规定的其他条件。

中华人民共和国缔结或者参加的国际条约、协定对向中华人民共和国境外提供个人信息的条件等有规定的，可以按照其规定执行。

个人信息处理者应当采取必要措施，保障境外接收方处理个人信息的活动达到本法规定的个人信息保护标准。

**第三十九条**　个人信息处理者向中华人民共和国境外提供个人信息的，应当向个人告知境外接收方的名称或者姓名、联系方式、处理目的、处理方式、个人信息的种类以及个人向境外接收方行使本法规定权利的方式和程序等事项，并取得个人的单独同意。

**第四十条**　关键信息基础设施运营者和处理个人信息达到国家网信部门规定数量的个人信息处理者，应当将在中华人民共和国境内收集和产生的个人信息存储在境内。确需向境外提供的，应当通过国家网信部门组织的安全评估；法律、行政法规和国家网信部门规定可以不进行安全评估的，从其规定。

**第四十一条**　中华人民共和国主管机关根据有关法律和中华人民共和国缔结或者参加的国际条约、协定，或者按照平等互惠原则，处理外国司法或者执法机构关于提供存储于境内个人信息的请求。非经中华人民共和国主管机关批准，个人信息处理者不得向外国司法或者执法机构提供存储于中华人民共和国境内的个人信息。

**第四十二条** 境外的组织、个人从事侵害中华人民共和国公民的个人信息权益，或者危害中华人民共和国国家安全、公共利益的个人信息处理活动的，国家网信部门可以将其列入限制或者禁止个人信息提供清单，予以公告，并采取限制或者禁止向其提供个人信息等措施。

**第四十三条** 任何国家或者地区在个人信息保护方面对中华人民共和国采取歧视性的禁止、限制或者其他类似措施的，中华人民共和国可以根据实际情况对该国家或者地区对等采取措施。

## 第四章 个人在个人信息处理活动中的权利

**第四十四条** 个人对其个人信息的处理享有知情权、决定权，有权限制或者拒绝他人对其个人信息进行处理；法律、行政法规另有规定的除外。

**第四十五条** 个人有权向个人信息处理者查阅、复制其个人信息；有本法第十八条第一款、第三十五条规定情形的除外。

个人请求查阅、复制其个人信息的，个人信息处理者应当及时提供。

个人请求将个人信息转移至其指定的个人信息处理者，符合国家网信部门规定条件的，个人信息处理者应当提供转移的途径。

**第四十六条** 个人发现其个人信息不准确或者不完整的，有权请求个人信息处理者更正、补充。

个人请求更正、补充其个人信息的，个人信息处理者应当对其个人信息予以核实，并及时更正、补充。

**第四十七条** 有下列情形之一的，个人信息处理者应当主动删除个人信息；个人信息处理者未删除的，个人有权请求删除：

（一）处理目的已实现、无法实现或者为实现处理目的不再必要；

（二）个人信息处理者停止提供产品或者服务，或者保存期限已届满；

（三）个人撤回同意；

（四）个人信息处理者违反法律、行政法规或者违反约定处理个人信息；

（五）法律、行政法规规定的其他情形。

法律、行政法规规定的保存期限未届满，或者删除个人信息从技术上难以实现的，个人信息处理者应当停止除存储和采取必要的安全保护措施之外的处理。

**第四十八条**　个人有权要求个人信息处理者对其个人信息处理规则进行解释说明。

**第四十九条**　自然人死亡的，其近亲属为了自身的合法、正当利益，可以对死者的相关个人信息行使本章规定的查阅、复制、更正、删除等权利；死者生前另有安排的除外。

**第五十条**　个人信息处理者应当建立便捷的个人行使权利的申请受理和处理机制。拒绝个人行使权利的请求的，应当说明理由。

个人信息处理者拒绝个人行使权利的请求的，个人可以依法向人民法院提起诉讼。

## 第五章　个人信息处理者的义务

**第五十一条**　个人信息处理者应当根据个人信息的处理目的、处理方式、个人信息的种类以及对个人权益的影响、可能存在的安全风险等，采取下列措施确保个人信息处理活动符合法律、行政法规的规定，并防止未经授权的访问以及个人信息泄露、篡改、丢失：

（一）制定内部管理制度和操作规程；

（二）对个人信息实行分类管理；

（三）采取相应的加密、去标识化等安全技术措施；

（四）合理确定个人信息处理的操作权限，并定期对从业人员进行安全教育和培训；

（五）制定并组织实施个人信息安全事件应急预案；

（六）法律、行政法规规定的其他措施。

**第五十二条** 处理个人信息达到国家网信部门规定数量的个人信息处理者应当指定个人信息保护负责人，负责对个人信息处理活动以及采取的保护措施等进行监督。

个人信息处理者应当公开个人信息保护负责人的联系方式，并将个人信息保护负责人的姓名、联系方式等报送履行个人信息保护职责的部门。

**第五十三条** 本法第三条第二款规定的中华人民共和国境外的个人信息处理者，应当在中华人民共和国境内设立专门机构或者指定代表，负责处理个人信息保护相关事务，并将有关机构的名称或者代表的姓名、联系方式等报送履行个人信息保护职责的部门。

**第五十四条** 个人信息处理者应当定期对其处理个人信息遵守法律、行政法规的情况进行合规审计。

**第五十五条** 有下列情形之一的，个人信息处理者应当事前进行个人信息保护影响评估，并对处理情况进行记录：

（一）处理敏感个人信息；

（二）利用个人信息进行自动化决策；

（三）委托处理个人信息、向其他个人信息处理者提供个人信息、公开个人信息；

（四）向境外提供个人信息；

（五）其他对个人权益有重大影响的个人信息处理活动。

**第五十六条** 个人信息保护影响评估应当包括下列内容：

（一）个人信息的处理目的、处理方式等是否合法、正当、必要；

(二)对个人权益的影响及安全风险;

(三)所采取的保护措施是否合法、有效并与风险程度相适应。

个人信息保护影响评估报告和处理情况记录应当至少保存三年。

**第五十七条** 发生或者可能发生个人信息泄露、篡改、丢失的,个人信息处理者应当立即采取补救措施,并通知履行个人信息保护职责的部门和个人。通知应当包括下列事项:

(一)发生或者可能发生个人信息泄露、篡改、丢失的信息种类、原因和可能造成的危害;

(二)个人信息处理者采取的补救措施和个人可以采取的减轻危害的措施;

(三)个人信息处理者的联系方式。

个人信息处理者采取措施能够有效避免信息泄露、篡改、丢失造成危害的,个人信息处理者可以不通知个人;履行个人信息保护职责的部门认为可能造成危害的,有权要求个人信息处理者通知个人。

**第五十八条** 提供重要互联网平台服务、用户数量巨大、业务类型复杂的个人信息处理者,应当履行下列义务:

(一)按照国家规定建立健全个人信息保护合规制度体系,成立主要由外部成员组成的独立机构对个人信息保护情况进行监督;

(二)遵循公开、公平、公正的原则,制定平台规则,明确平台内产品或者服务提供者处理个人信息的规范和保护个人信息的义务;

(三)对严重违反法律、行政法规处理个人信息的平台内的产品或者服务提供者,停止提供服务;

(四)定期发布个人信息保护社会责任报告,接受社会监督。

**第五十九条** 接受委托处理个人信息的受托人,应当依照本法和有关法律、行政法规的规定,采取必要措施保障所处理的个人信息的安全,并协助个人信息处理者履行本法规定的义务。

## 第六章　履行个人信息保护职责的部门

**第六十条**　国家网信部门负责统筹协调个人信息保护工作和相关监督管理工作。国务院有关部门依照本法和有关法律、行政法规的规定，在各自职责范围内负责个人信息保护和监督管理工作。

县级以上地方人民政府有关部门的个人信息保护和监督管理职责，按照国家有关规定确定。

前两款规定的部门统称为履行个人信息保护职责的部门。

**第六十一条**　履行个人信息保护职责的部门履行下列个人信息保护职责：

（一）开展个人信息保护宣传教育，指导、监督个人信息处理者开展个人信息保护工作；

（二）接受、处理与个人信息保护有关的投诉、举报；

（三）组织对应用程序等个人信息保护情况进行测评，并公布测评结果；

（四）调查、处理违法个人信息处理活动；

（五）法律、行政法规规定的其他职责。

**第六十二条**　国家网信部门统筹协调有关部门依据本法推进下列个人信息保护工作：

（一）制定个人信息保护具体规则、标准；

（二）针对小型个人信息处理者、处理敏感个人信息以及人脸识别、人工智能等新技术、新应用，制定专门的个人信息保护规则、标准；

（三）支持研究开发和推广应用安全、方便的电子身份认证技术，推进网络身份认证公共服务建设；

（四）推进个人信息保护社会化服务体系建设，支持有关机构开展个人信息保护评估、认证服务；

（五）完善个人信息保护投诉、举报工作机制。

**第六十三条** 履行个人信息保护职责的部门履行个人信息保护职责，可以采取下列措施：

（一）询问有关当事人，调查与个人信息处理活动有关的情况；

（二）查阅、复制当事人与个人信息处理活动有关的合同、记录、账簿以及其他有关资料；

（三）实施现场检查，对涉嫌违法的个人信息处理活动进行调查；

（四）检查与个人信息处理活动有关的设备、物品；对有证据证明是用于违法个人信息处理活动的设备、物品，向本部门主要负责人书面报告并经批准，可以查封或者扣押。

履行个人信息保护职责的部门依法履行职责，当事人应当予以协助、配合，不得拒绝、阻挠。

**第六十四条** 履行个人信息保护职责的部门在履行职责中，发现个人信息处理活动存在较大风险或者发生个人信息安全事件的，可以按照规定的权限和程序对该个人信息处理者的法定代表人或者主要负责人进行约谈，或者要求个人信息处理者委托专业机构对其个人信息处理活动进行合规审计。个人信息处理者应当按照要求采取措施，进行整改，消除隐患。

履行个人信息保护职责的部门在履行职责中，发现违法处理个人信息涉嫌犯罪的，应当及时移送公安机关依法处理。

**第六十五条** 任何组织、个人有权对违法个人信息处理活动向履行个人信息保护职责的部门进行投诉、举报。收到投诉、举报的部门应当依法及时处理，并将处理结果告知投诉、举报人。

履行个人信息保护职责的部门应当公布接受投诉、举报的联系方式。

## 第七章 法律责任

**第六十六条** 违反本法规定处理个人信息，或者处理个人信息未履行本法规定的个人信息保护义务的，由履行个人信息保护职责的部门责令改正，给予警告，没收违法所得，对违法处理个人信息的应用程序，责令暂停或者终止提供服务；拒不改正的，并处一百万元以下罚款；对直接负责的主管人员和其他直接责任人员处一万元以上十万元以下罚款。

有前款规定的违法行为，情节严重的，由省级以上履行个人信息保护职责的部门责令改正，没收违法所得，并处五千万元以下或者上一年度营业额百分之五以下罚款，并可以责令暂停相关业务或者停业整顿、通报有关主管部门吊销相关业务许可或者吊销营业执照；对直接负责的主管人员和其他直接责任人员处十万元以上一百万元以下罚款，并可以决定禁止其在一定期限内担任相关企业的董事、监事、高级管理人员和个人信息保护负责人。

**第六十七条** 有本法规定的违法行为的，依照有关法律、行政法规的规定记入信用档案，并予以公示。

**第六十八条** 国家机关不履行本法规定的个人信息保护义务的，由其上级机关或者履行个人信息保护职责的部门责令改正；对直接负责的主管人员和其他直接责任人员依法给予处分。

履行个人信息保护职责的部门的工作人员玩忽职守、滥用职权、徇私舞弊，尚不构成犯罪的，依法给予处分。

**第六十九条** 处理个人信息侵害个人信息权益造成损害，个人信息处理者不能证明自己没有过错的，应当承担损害赔偿等侵权责任。

前款规定的损害赔偿责任按照个人因此受到的损失或者个人信息处理者因此获得的利益确定；个人因此受到的损失和个人信息处理者因此获得的利益难以确定的，根据实际情况确定赔偿数额。

**第七十条** 个人信息处理者违反本法规定处理个人信息,侵害众多个人的权益的,人民检察院、法律规定的消费者组织和由国家网信部门确定的组织可以依法向人民法院提起诉讼。

**第七十一条** 违反本法规定,构成违反治安管理行为的,依法给予治安管理处罚;构成犯罪的,依法追究刑事责任。

## 第八章 附 则

**第七十二条** 自然人因个人或者家庭事务处理个人信息的,不适用本法。

法律对各级人民政府及其有关部门组织实施的统计、档案管理活动中的个人信息处理有规定的,适用其规定。

**第七十三条** 本法下列用语的含义:

(一)个人信息处理者,是指在个人信息处理活动中自主决定处理目的、处理方式的组织、个人。

(二)自动化决策,是指通过计算机程序自动分析、评估个人的行为习惯、兴趣爱好或者经济、健康、信用状况等,并进行决策的活动。

(三)去标识化,是指个人信息经过处理,使其在不借助额外信息的情况下无法识别特定自然人的过程。

(四)匿名化,是指个人信息经过处理无法识别特定自然人且不能复原的过程。

**第七十四条** 本法自 2021 年 11 月 1 日起施行。

## 2. 中华人民共和国数据安全法

（2021 年 6 月 10 日第十三届全国人民代表大会常务委员会第二十九次会议通过　中华人民共和国主席令第 84 号　2021 年 6 月 10 日公布　自 2021 年 9 月 1 日起施行）

### 第一章　总　　则

**第一条**　为了规范数据处理活动，保障数据安全，促进数据开发利用，保护个人、组织的合法权益，维护国家主权、安全和发展利益，制定本法。

**第二条**　在中华人民共和国境内开展数据处理活动及其安全监管，适用本法。

在中华人民共和国境外开展数据处理活动，损害中华人民共和国国家安全、公共利益或者公民、组织合法权益的，依法追究法律责任。

**第三条**　本法所称数据，是指任何以电子或者其他方式对信息的记录。

数据处理，包括数据的收集、存储、使用、加工、传输、提供、公开等。

数据安全，是指通过采取必要措施，确保数据处于有效保护和合法利用的状态，以及具备保障持续安全状态的能力。

**第四条**　维护数据安全，应当坚持总体国家安全观，建立健全数据安全治理体系，提高数据安全保障能力。

**第五条**　中央国家安全领导机构负责国家数据安全工作的决策和议事协调，研究制定、指导实施国家数据安全战略和有关重大方针政策，统筹协调国家数据安全的重大事项和重要工作，建立国家数据安全工作协调机制。

**第六条**　各地区、各部门对本地区、本部门工作中收集和产生的数据及数据安全负责。

工业、电信、交通、金融、自然资源、卫生健康、教育、科技等主管部门承担本行业、本领域数据安全监管职责。

公安机关、国家安全机关等依照本法和有关法律、行政法规的规定，在各自职责范围内承担数据安全监管职责。

国家网信部门依照本法和有关法律、行政法规的规定，负责统筹协调网络数据安全和相关监管工作。

**第七条** 国家保护个人、组织与数据有关的权益，鼓励数据依法合理有效利用，保障数据依法有序自由流动，促进以数据为关键要素的数字经济发展。

**第八条** 开展数据处理活动，应当遵守法律、法规，尊重社会公德和伦理，遵守商业道德和职业道德，诚实守信，履行数据安全保护义务，承担社会责任，不得危害国家安全、公共利益，不得损害个人、组织的合法权益。

**第九条** 国家支持开展数据安全知识宣传普及，提高全社会的数据安全保护意识和水平，推动有关部门、行业组织、科研机构、企业、个人等共同参与数据安全保护工作，形成全社会共同维护数据安全和促进发展的良好环境。

**第十条** 相关行业组织按照章程，依法制定数据安全行为规范和团体标准，加强行业自律，指导会员加强数据安全保护，提高数据安全保护水平，促进行业健康发展。

**第十一条** 国家积极开展数据安全治理、数据开发利用等领域的国际交流与合作，参与数据安全相关国际规则和标准的制定，促进数据跨境安全、自由流动。

**第十二条** 任何个人、组织都有权对违反本法规定的行为向有关主管部门投诉、举报。收到投诉、举报的部门应当及时依法处理。

有关主管部门应当对投诉、举报人的相关信息予以保密，保护投诉、举报人的合法权益。

## 第二章　数据安全与发展

**第十三条**　国家统筹发展和安全，坚持以数据开发利用和产业发展促进数据安全，以数据安全保障数据开发利用和产业发展。

**第十四条**　国家实施大数据战略，推进数据基础设施建设，鼓励和支持数据在各行业、各领域的创新应用。

省级以上人民政府应当将数字经济发展纳入本级国民经济和社会发展规划，并根据需要制定数字经济发展规划。

**第十五条**　国家支持开发利用数据提升公共服务的智能化水平。提供智能化公共服务，应当充分考虑老年人、残疾人的需求，避免对老年人、残疾人的日常生活造成障碍。

**第十六条**　国家支持数据开发利用和数据安全技术研究，鼓励数据开发利用和数据安全等领域的技术推广和商业创新，培育、发展数据开发利用和数据安全产品、产业体系。

**第十七条**　国家推进数据开发利用技术和数据安全标准体系建设。国务院标准化行政主管部门和国务院有关部门根据各自的职责，组织制定并适时修订有关数据开发利用技术、产品和数据安全相关标准。国家支持企业、社会团体和教育、科研机构等参与标准制定。

**第十八条**　国家促进数据安全检测评估、认证等服务的发展，支持数据安全检测评估、认证等专业机构依法开展服务活动。

国家支持有关部门、行业组织、企业、教育和科研机构、有关专业机构等在数据安全风险评估、防范、处置等方面开展协作。

**第十九条**　国家建立健全数据交易管理制度，规范数据交易行为，培育数据交易市场。

**第二十条** 国家支持教育、科研机构和企业等开展数据开发利用技术和数据安全相关教育和培训,采取多种方式培养数据开发利用技术和数据安全专业人才,促进人才交流。

## 第三章 数据安全制度

**第二十一条** 国家建立数据分类分级保护制度,根据数据在经济社会发展中的重要程度,以及一旦遭到篡改、破坏、泄露或者非法获取、非法利用,对国家安全、公共利益或者个人、组织合法权益造成的危害程度,对数据实行分类分级保护。国家数据安全工作协调机制统筹协调有关部门制定重要数据目录,加强对重要数据的保护。

关系国家安全、国民经济命脉、重要民生、重大公共利益等数据属于国家核心数据,实行更加严格的管理制度。

各地区、各部门应当按照数据分类分级保护制度,确定本地区、本部门以及相关行业、领域的重要数据具体目录,对列入目录的数据进行重点保护。

**第二十二条** 国家建立集中统一、高效权威的数据安全风险评估、报告、信息共享、监测预警机制。国家数据安全工作协调机制统筹协调有关部门加强数据安全风险信息的获取、分析、研判、预警工作。

**第二十三条** 国家建立数据安全应急处置机制。发生数据安全事件,有关主管部门应当依法启动应急预案,采取相应的应急处置措施,防止危害扩大,消除安全隐患,并及时向社会发布与公众有关的警示信息。

**第二十四条** 国家建立数据安全审查制度,对影响或者可能影响国家安全的数据处理活动进行国家安全审查。

依法作出的安全审查决定为最终决定。

**第二十五条** 国家对与维护国家安全和利益、履行国际义务相关的属于管制物项的数据依法实施出口管制。

**第二十六条** 任何国家或者地区在与数据和数据开发利用技术等有关的投资、贸易等方面对中华人民共和国采取歧视性的禁止、限制或者其他类似措施的，中华人民共和国可以根据实际情况对该国家或者地区对等采取措施。

## 第四章 数据安全保护义务

**第二十七条** 开展数据处理活动应当依照法律、法规的规定，建立健全全流程数据安全管理制度，组织开展数据安全教育培训，采取相应的技术措施和其他必要措施，保障数据安全。利用互联网等信息网络开展数据处理活动，应当在网络安全等级保护制度的基础上，履行上述数据安全保护义务。

重要数据的处理者应当明确数据安全负责人和管理机构，落实数据安全保护责任。

**第二十八条** 开展数据处理活动以及研究开发数据新技术，应当有利于促进经济社会发展，增进人民福祉，符合社会公德和伦理。

**第二十九条** 开展数据处理活动应当加强风险监测，发现数据安全缺陷、漏洞等风险时，应当立即采取补救措施；发生数据安全事件时，应当立即采取处置措施，按照规定及时告知用户并向有关主管部门报告。

**第三十条** 重要数据的处理者应当按照规定对其数据处理活动定期开展风险评估，并向有关主管部门报送风险评估报告。

风险评估报告应当包括处理的重要数据的种类、数量，开展数据处理活动的情况，面临的数据安全风险及其应对措施等。

**第三十一条** 关键信息基础设施的运营者在中华人民共和国境内运营中收集和产生的重要数据的出境安全管理，适用《中华人民共和国网络安全法》的规定；其他数据处理者在中华人民共和国境内运营中收集和产生的重要数据的出境安全管理办法，由国家网信部门会同国务院有关部门制定。

**第三十二条**　任何组织、个人收集数据，应当采取合法、正当的方式，不得窃取或者以其他非法方式获取数据。

法律、行政法规对收集、使用数据的目的、范围有规定的，应当在法律、行政法规规定的目的和范围内收集、使用数据。

**第三十三条**　从事数据交易中介服务的机构提供服务，应当要求数据提供方说明数据来源，审核交易双方的身份，并留存审核、交易记录。

**第三十四条**　法律、行政法规规定提供数据处理相关服务应当取得行政许可的，服务提供者应当依法取得许可。

**第三十五条**　公安机关、国家安全机关因依法维护国家安全或者侦查犯罪的需要调取数据，应当按照国家有关规定，经过严格的批准手续，依法进行，有关组织、个人应当予以配合。

**第三十六条**　中华人民共和国主管机关根据有关法律和中华人民共和国缔结或者参加的国际条约、协定，或者按照平等互惠原则，处理外国司法或者执法机构关于提供数据的请求。非经中华人民共和国主管机关批准，境内的组织、个人不得向外国司法或者执法机构提供存储于中华人民共和国境内的数据。

## 第五章　政务数据安全与开放

**第三十七条**　国家大力推进电子政务建设，提高政务数据的科学性、准确性、时效性，提升运用数据服务经济社会发展的能力。

**第三十八条**　国家机关为履行法定职责的需要收集、使用数据，应当在其履行法定职责的范围内依照法律、行政法规规定的条件和程序进行；对在履行职责中知悉的个人隐私、个人信息、商业秘密、保密商务信息等数据应当依法予以保密,不得泄露或者非法向他人提供。

**第三十九条** 国家机关应当依照法律、行政法规的规定,建立健全数据安全管理制度,落实数据安全保护责任,保障政务数据安全。

**第四十条** 国家机关委托他人建设、维护电子政务系统,存储、加工政务数据,应当经过严格的批准程序,并应当监督受托方履行相应的数据安全保护义务。受托方应当依照法律、法规的规定和合同约定履行数据安全保护义务,不得擅自留存、使用、泄露或者向他人提供政务数据。

**第四十一条** 国家机关应当遵循公正、公平、便民的原则,按照规定及时、准确地公开政务数据。依法不予公开的除外。

**第四十二条** 国家制定政务数据开放目录,构建统一规范、互联互通、安全可控的政务数据开放平台,推动政务数据开放利用。

**第四十三条** 法律、法规授权的具有管理公共事务职能的组织为履行法定职责开展数据处理活动,适用本章规定。

## 第六章 法律责任

**第四十四条** 有关主管部门在履行数据安全监管职责中,发现数据处理活动存在较大安全风险的,可以按照规定的权限和程序对有关组织、个人进行约谈,并要求有关组织、个人采取措施进行整改,消除隐患。

**第四十五条** 开展数据处理活动的组织、个人不履行本法第二十七条、第二十九条、第三十条规定的数据安全保护义务的,由有关主管部门责令改正,给予警告,可以并处五万元以上五十万元以下罚款,对直接负责的主管人员和其他直接责任人员可以处一万元以上十万元以下罚款;拒不改正或者造成大量数据泄露等严重后果的,处五十万元以上二百万元以下罚款,并可以责令暂停相关业务、停业整顿、吊销相关业务许可证或者吊销营业执照,对直接负责的主管人员和其他直接责任人员处五万元以上二十万元以下罚款。

违反国家核心数据管理制度，危害国家主权、安全和发展利益的，由有关主管部门处二百万元以上一千万元以下罚款，并根据情况责令暂停相关业务、停业整顿、吊销相关业务许可证或者吊销营业执照；构成犯罪的，依法追究刑事责任。

**第四十六条** 违反本法第三十一条规定，向境外提供重要数据的，由有关主管部门责令改正，给予警告，可以并处十万元以上一百万元以下罚款，对直接负责的主管人员和其他直接责任人员可以处一万元以上十万元以下罚款；情节严重的，处一百万元以上一千万元以下罚款，并可以责令暂停相关业务、停业整顿、吊销相关业务许可证或者吊销营业执照，对直接负责的主管人员和其他直接责任人员处十万元以上一百万元以下罚款。

**第四十七条** 从事数据交易中介服务的机构未履行本法第三十三条规定的义务的，由有关主管部门责令改正，没收违法所得，处违法所得一倍以上十倍以下罚款，没有违法所得或者违法所得不足十万元的，处十万元以上一百万元以下罚款，并可以责令暂停相关业务、停业整顿、吊销相关业务许可证或者吊销营业执照；对直接负责的主管人员和其他直接责任人员处一万元以上十万元以下罚款。

**第四十八条** 违反本法第三十五条规定，拒不配合数据调取的，由有关主管部门责令改正，给予警告，并处五万元以上五十万元以下罚款，对直接负责的主管人员和其他直接责任人员处一万元以上十万元以下罚款。

违反本法第三十六条规定，未经主管机关批准向外国司法或者执法机构提供数据的，由有关主管部门给予警告，可以并处十万元以上一百万元以下罚款，对直接负责的主管人员和其他直接责任人员可以处一万元以上十万元以下罚款；造成严重后果的，处一百万元以上五百万元以下罚款，并可以责令暂停相关业务、停业整顿、吊销相关业务许可证或者吊销营业执照，对直接负责的主管人员和其他直接责任人员处五万元以上五十万元以下罚款。

**第四十九条** 国家机关不履行本法规定的数据安全保护义务的，对直接负责的主管人员和其他直接责任人员依法给予处分。

**第五十条** 履行数据安全监管职责的国家工作人员玩忽职守、滥用职权、徇私舞弊的，依法给予处分。

**第五十一条** 窃取或者以其他非法方式获取数据，开展数据处理活动排除、限制竞争，或者损害个人、组织合法权益的，依照有关法律、行政法规的规定处罚。

**第五十二条** 违反本法规定，给他人造成损害的，依法承担民事责任。

违反本法规定，构成违反治安管理行为的，依法给予治安管理处罚；构成犯罪的，依法追究刑事责任。

## 第七章 附 则

**第五十三条** 开展涉及国家秘密的数据处理活动，适用《中华人民共和国保守国家秘密法》等法律、行政法规的规定。

在统计、档案工作中开展数据处理活动，开展涉及个人信息的数据处理活动，还应当遵守有关法律、行政法规的规定。

**第五十四条** 军事数据安全保护的办法，由中央军事委员会依据本法另行制定。

**第五十五条** 本法自2021年9月1日起施行。

## 3. 中华人民共和国网络安全法

(2016 年 11 月 7 日第十二届全国人民代表大会常务委员会第二十四次会议通过　中华人民共和国主席令第 53 号　2016 年 11 月 7 日公布　自 2017 年 6 月 1 日起施行)

### 第一章　总　　则

**第一条**　为了保障网络安全,维护网络空间主权和国家安全、社会公共利益,保护公民、法人和其他组织的合法权益,促进经济社会信息化健康发展,制定本法。

**第二条**　在中华人民共和国境内建设、运营、维护和使用网络,以及网络安全的监督管理,适用本法。

**第三条**　国家坚持网络安全与信息化发展并重,遵循积极利用、科学发展、依法管理、确保安全的方针,推进网络基础设施建设和互联互通,鼓励网络技术创新和应用,支持培养网络安全人才,建立健全网络安全保障体系,提高网络安全保护能力。

**第四条**　国家制定并不断完善网络安全战略,明确保障网络安全的基本要求和主要目标,提出重点领域的网络安全政策、工作任务和措施。

**第五条**　国家采取措施,监测、防御、处置来源于中华人民共和国境内外的网络安全风险和威胁,保护关键信息基础设施免受攻击、侵入、干扰和破坏,依法惩治网络违法犯罪活动,维护网络空间安全和秩序。

**第六条**　国家倡导诚实守信、健康文明的网络行为,推动传播社会主义核心价值观,采取措施提高全社会的网络安全意识和水平,形成全社会共同参与促进网络安全的良好环境。

**第七条** 国家积极开展网络空间治理、网络技术研发和标准制定、打击网络违法犯罪等方面的国际交流与合作，推动构建和平、安全、开放、合作的网络空间，建立多边、民主、透明的网络治理体系。

**第八条** 国家网信部门负责统筹协调网络安全工作和相关监督管理工作。国务院电信主管部门、公安部门和其他有关机关依照本法和有关法律、行政法规的规定，在各自职责范围内负责网络安全保护和监督管理工作。

县级以上地方人民政府有关部门的网络安全保护和监督管理职责，按照国家有关规定确定。

**第九条** 网络运营者开展经营和服务活动，必须遵守法律、行政法规，尊重社会公德，遵守商业道德，诚实信用，履行网络安全保护义务，接受政府和社会的监督，承担社会责任。

**第十条** 建设、运营网络或者通过网络提供服务，应当依照法律、行政法规的规定和国家标准的强制性要求，采取技术措施和其他必要措施，保障网络安全、稳定运行，有效应对网络安全事件，防范网络违法犯罪活动，维护网络数据的完整性、保密性和可用性。

**第十一条** 网络相关行业组织按照章程，加强行业自律，制定网络安全行为规范，指导会员加强网络安全保护，提高网络安全保护水平，促进行业健康发展。

**第十二条** 国家保护公民、法人和其他组织依法使用网络的权利，促进网络接入普及，提升网络服务水平，为社会提供安全、便利的网络服务，保障网络信息依法有序自由流动。

任何个人和组织使用网络应当遵守宪法法律，遵守公共秩序，尊重社会公德，不得危害网络安全，不得利用网络从事危害国家安全、荣誉和利益，煽动颠覆国家政权、推翻社会主义制度，煽动分裂国家、破坏国家统一，宣扬恐怖主义、极端主义，宣扬民族仇恨、民族歧视，传播暴力、淫秽色情信息，编造、传播虚假信息扰乱经济秩序和社会秩序，以及侵害他人名誉、隐私、知识产权和其他合法权益等活动。

**第十三条** 国家支持研究开发有利于未成年人健康成长的网络产品和服务，依法惩治利用网络从事危害未成年人身心健康的活动，为未成年人提供安全、健康的网络环境。

**第十四条** 任何个人和组织有权对危害网络安全的行为向网信、电信、公安等部门举报。收到举报的部门应当及时依法作出处理；不属于本部门职责的，应当及时移送有权处理的部门。

有关部门应当对举报人的相关信息予以保密，保护举报人的合法权益。

## 第二章 网络安全支持与促进

**第十五条** 国家建立和完善网络安全标准体系。国务院标准化行政主管部门和国务院其他有关部门根据各自的职责，组织制定并适时修订有关网络安全管理以及网络产品、服务和运行安全的国家标准、行业标准。

国家支持企业、研究机构、高等学校、网络相关行业组织参与网络安全国家标准、行业标准的制定。

**第十六条** 国务院和省、自治区、直辖市人民政府应当统筹规划，加大投入，扶持重点网络安全技术产业和项目，支持网络安全技术的研究开发和应用，推广安全可信的网络产品和服务，保护网络技术知识产权，支持企业、研究机构和高等学校等参与国家网络安全技术创新项目。

**第十七条** 国家推进网络安全社会化服务体系建设，鼓励有关企业、机构开展网络安全认证、检测和风险评估等安全服务。

**第十八条** 国家鼓励开发网络数据安全保护和利用技术，促进公共数据资源开放，推动技术创新和经济社会发展。

国家支持创新网络安全管理方式，运用网络新技术，提升网络安全保护水平。

**第十九条** 各级人民政府及其有关部门应当组织开展经常性的网络安全宣传教育,并指导、督促有关单位做好网络安全宣传教育工作。

大众传播媒介应当有针对性地面向社会进行网络安全宣传教育。

**第二十条** 国家支持企业和高等学校、职业学校等教育培训机构开展网络安全相关教育与培训,采取多种方式培养网络安全人才,促进网络安全人才交流。

## 第三章 网络运行安全

### 第一节 一般规定

**第二十一条** 国家实行网络安全等级保护制度。网络运营者应当按照网络安全等级保护制度的要求,履行下列安全保护义务,保障网络免受干扰、破坏或者未经授权的访问,防止网络数据泄露或者被窃取、篡改:

(一)制定内部安全管理制度和操作规程,确定网络安全负责人,落实网络安全保护责任;

(二)采取防范计算机病毒和网络攻击、网络侵入等危害网络安全行为的技术措施;

(三)采取监测、记录网络运行状态、网络安全事件的技术措施,并按照规定留存相关的网络日志不少于六个月;

(四)采取数据分类、重要数据备份和加密等措施;

(五)法律、行政法规规定的其他义务。

**第二十二条** 网络产品、服务应当符合相关国家标准的强制性要求。网络产品、服务的提供者不得设置恶意程序;发现其网络产品、服务存在安全缺陷、漏洞等风险时,应当立即采取补救措施,按照规定及时告知用户并向有关主管部门报告。

网络产品、服务的提供者应当为其产品、服务持续提供安全维护；在规定或者当事人约定的期限内，不得终止提供安全维护。

网络产品、服务具有收集用户信息功能的，其提供者应当向用户明示并取得同意；涉及用户个人信息的，还应当遵守本法和有关法律、行政法规关于个人信息保护的规定。

**第二十三条** 网络关键设备和网络安全专用产品应当按照相关国家标准的强制性要求，由具备资格的机构安全认证合格或者安全检测符合要求后，方可销售或者提供。国家网信部门会同国务院有关部门制定、公布网络关键设备和网络安全专用产品目录，并推动安全认证和安全检测结果互认，避免重复认证、检测。

**第二十四条** 网络运营者为用户办理网络接入、域名注册服务，办理固定电话、移动电话等入网手续，或者为用户提供信息发布、即时通讯等服务，在与用户签订协议或者确认提供服务时，应当要求用户提供真实身份信息。用户不提供真实身份信息的，网络运营者不得为其提供相关服务。

国家实施网络可信身份战略，支持研究开发安全、方便的电子身份认证技术，推动不同电子身份认证之间的互认。

**第二十五条** 网络运营者应当制定网络安全事件应急预案，及时处置系统漏洞、计算机病毒、网络攻击、网络侵入等安全风险；在发生危害网络安全的事件时，立即启动应急预案，采取相应的补救措施，并按照规定向有关主管部门报告。

**第二十六条** 开展网络安全认证、检测、风险评估等活动，向社会发布系统漏洞、计算机病毒、网络攻击、网络侵入等网络安全信息，应当遵守国家有关规定。

**第二十七条** 任何个人和组织不得从事非法侵入他人网络、干扰他人网络正常功能、窃取网络数据等危害网络安全的活动；不得提供专门用于从事侵入网络、干扰网络正常功能及防护措施、窃取网络数据等危害网络安全活动的程序、工具；明知他人从事危害网络安全的活动的，不得为其提供技术支持、广告推广、支付结算等帮助。

**第二十八条** 网络运营者应当为公安机关、国家安全机关依法维护国家安全和侦查犯罪的活动提供技术支持和协助。

**第二十九条** 国家支持网络运营者之间在网络安全信息收集、分析、通报和应急处置等方面进行合作，提高网络运营者的安全保障能力。

有关行业组织建立健全本行业的网络安全保护规范和协作机制，加强对网络安全风险的分析评估，定期向会员进行风险警示，支持、协助会员应对网络安全风险。

**第三十条** 网信部门和有关部门在履行网络安全保护职责中获取的信息，只能用于维护网络安全的需要，不得用于其他用途。

## 第二节 关键信息基础设施的运行安全

**第三十一条** 国家对公共通信和信息服务、能源、交通、水利、金融、公共服务、电子政务等重要行业和领域，以及其他一旦遭到破坏、丧失功能或者数据泄露，可能严重危害国家安全、国计民生、公共利益的关键信息基础设施，在网络安全等级保护制度的基础上，实行重点保护。关键信息基础设施的具体范围和安全保护办法由国务院制定。

国家鼓励关键信息基础设施以外的网络运营者自愿参与关键信息基础设施保护体系。

**第三十二条** 按照国务院规定的职责分工，负责关键信息基础设施安全保护工作的部门分别编制并组织实施本行业、本领域的关键信息基础设施安全规划，指导和监督关键信息基础设施运行安全保护工作。

**第三十三条** 建设关键信息基础设施应当确保其具有支持业务稳定、持续运行的性能,并保证安全技术措施同步规划、同步建设、同步使用。

**第三十四条** 除本法第二十一条的规定外,关键信息基础设施的运营者还应当履行下列安全保护义务:

(一)设置专门安全管理机构和安全管理负责人,并对该负责人和关键岗位的人员进行安全背景审查;

(二)定期对从业人员进行网络安全教育、技术培训和技能考核;

(三)对重要系统和数据库进行容灾备份;

(四)制定网络安全事件应急预案,并定期进行演练;

(五)法律、行政法规规定的其他义务。

**第三十五条** 关键信息基础设施的运营者采购网络产品和服务,可能影响国家安全的,应当通过国家网信部门会同国务院有关部门组织的国家安全审查。

**第三十六条** 关键信息基础设施的运营者采购网络产品和服务,应当按照规定与提供者签订安全保密协议,明确安全和保密义务与责任。

**第三十七条** 关键信息基础设施的运营者在中华人民共和国境内运营中收集和产生的个人信息和重要数据应当在境内存储。因业务需要,确需向境外提供的,应当按照国家网信部门会同国务院有关部门制定的办法进行安全评估;法律、行政法规另有规定的,依照其规定。

**第三十八条** 关键信息基础设施的运营者应当自行或者委托网络安全服务机构对其网络的安全性和可能存在的风险每年至少进行一次检测评估,并将检测评估情况和改进措施报送相关负责关键信息基础设施安全保护工作的部门。

**第三十九条** 国家网信部门应当统筹协调有关部门对关键信息基础设施的安全保护采取下列措施:

（一）对关键信息基础设施的安全风险进行抽查检测，提出改进措施，必要时可以委托网络安全服务机构对网络存在的安全风险进行检测评估；

（二）定期组织关键信息基础设施的运营者进行网络安全应急演练，提高应对网络安全事件的水平和协同配合能力；

（三）促进有关部门、关键信息基础设施的运营者以及有关研究机构、网络安全服务机构等之间的网络安全信息共享；

（四）对网络安全事件的应急处置与网络功能的恢复等，提供技术支持和协助。

## 第四章 网络信息安全

**第四十条** 网络运营者应当对其收集的用户信息严格保密，并建立健全用户信息保护制度。

**第四十一条** 网络运营者收集、使用个人信息，应当遵循合法、正当、必要的原则，公开收集、使用规则，明示收集、使用信息的目的、方式和范围，并经被收集者同意。

网络运营者不得收集与其提供的服务无关的个人信息，不得违反法律、行政法规的规定和双方的约定收集、使用个人信息，并应当依照法律、行政法规的规定和与用户的约定，处理其保存的个人信息。

**第四十二条** 网络运营者不得泄露、篡改、毁损其收集的个人信息；未经被收集者同意，不得向他人提供个人信息。但是，经过处理无法识别特定个人且不能复原的除外。

网络运营者应当采取技术措施和其他必要措施，确保其收集的个人信息安全，防止信息泄露、毁损、丢失。在发生或者可能发生个人信息泄露、毁损、丢失的情况时，应当立即采取补救措施，按照规定及时告知用户并向有关主管部门报告。

**第四十三条** 个人发现网络运营者违反法律、行政法规的规定或者双方的约定收集、使用其个人信息的,有权要求网络运营者删除其个人信息;发现网络运营者收集、存储的其个人信息有错误的,有权要求网络运营者予以更正。网络运营者应当采取措施予以删除或者更正。

**第四十四条** 任何个人和组织不得窃取或者以其他非法方式获取个人信息,不得非法出售或者非法向他人提供个人信息。

**第四十五条** 依法负有网络安全监督管理职责的部门及其工作人员,必须对在履行职责中知悉的个人信息、隐私和商业秘密严格保密,不得泄露、出售或者非法向他人提供。

**第四十六条** 任何个人和组织应当对其使用网络的行为负责,不得设立用于实施诈骗,传授犯罪方法,制作或者销售违禁物品、管制物品等违法犯罪活动的网站、通讯群组,不得利用网络发布涉及实施诈骗,制作或者销售违禁物品、管制物品以及其他违法犯罪活动的信息。

**第四十七条** 网络运营者应当加强对其用户发布的信息的管理,发现法律、行政法规禁止发布或者传输的信息的,应当立即停止传输该信息,采取消除等处置措施,防止信息扩散,保存有关记录,并向有关主管部门报告。

**第四十八条** 任何个人和组织发送的电子信息、提供的应用软件,不得设置恶意程序,不得含有法律、行政法规禁止发布或者传输的信息。

电子信息发送服务提供者和应用软件下载服务提供者,应当履行安全管理义务,知道其用户有前款规定行为的,应当停止提供服务,采取消除等处置措施,保存有关记录,并向有关主管部门报告。

**第四十九条** 网络运营者应当建立网络信息安全投诉、举报制度,公布投诉、举报方式等信息,及时受理并处理有关网络信息安全的投诉和举报。

网络运营者对网信部门和有关部门依法实施的监督检查,应当予以配合。

**第五十条** 国家网信部门和有关部门依法履行网络信息安全监督管理职责，发现法律、行政法规禁止发布或者传输的信息的，应当要求网络运营者停止传输，采取消除等处置措施，保存有关记录；对来源于中华人民共和国境外的上述信息，应当通知有关机构采取技术措施和其他必要措施阻断传播。

## 第五章 监测预警与应急处置

**第五十一条** 国家建立网络安全监测预警和信息通报制度。国家网信部门应当统筹协调有关部门加强网络安全信息收集、分析和通报工作，按照规定统一发布网络安全监测预警信息。

**第五十二条** 负责关键信息基础设施安全保护工作的部门，应当建立健全本行业、本领域的网络安全监测预警和信息通报制度，并按照规定报送网络安全监测预警信息。

**第五十三条** 国家网信部门协调有关部门建立健全网络安全风险评估和应急工作机制，制定网络安全事件应急预案，并定期组织演练。

负责关键信息基础设施安全保护工作的部门应当制定本行业、本领域的网络安全事件应急预案，并定期组织演练。

网络安全事件应急预案应当按照事件发生后的危害程度、影响范围等因素对网络安全事件进行分级，并规定相应的应急处置措施。

**第五十四条** 网络安全事件发生的风险增大时，省级以上人民政府有关部门应当按照规定的权限和程序，并根据网络安全风险的特点和可能造成的危害，采取下列措施：

（一）要求有关部门、机构和人员及时收集、报告有关信息，加强对网络安全风险的监测；

（二）组织有关部门、机构和专业人员，对网络安全风险信息进行分析评

估,预测事件发生的可能性、影响范围和危害程度;

(三)向社会发布网络安全风险预警,发布避免、减轻危害的措施。

**第五十五条** 发生网络安全事件,应当立即启动网络安全事件应急预案,对网络安全事件进行调查和评估,要求网络运营者采取技术措施和其他必要措施,消除安全隐患,防止危害扩大,并及时向社会发布与公众有关的警示信息。

**第五十六条** 省级以上人民政府有关部门在履行网络安全监督管理职责中,发现网络存在较大安全风险或者发生安全事件的,可以按照规定的权限和程序对该网络的运营者的法定代表人或者主要负责人进行约谈。网络运营者应当按照要求采取措施,进行整改,消除隐患。

**第五十七条** 因网络安全事件,发生突发事件或者生产安全事故的,应当依照《中华人民共和国突发事件应对法》、《中华人民共和国安全生产法》等有关法律、行政法规的规定处置。

**第五十八条** 因维护国家安全和社会公共秩序,处置重大突发社会安全事件的需要,经国务院决定或者批准,可以在特定区域对网络通信采取限制等临时措施。

## 第六章 法律责任

**第五十九条** 网络运营者不履行本法第二十一条、第二十五条规定的网络安全保护义务的,由有关主管部门责令改正,给予警告;拒不改正或者导致危害网络安全等后果的,处一万元以上十万元以下罚款,对直接负责的主管人员处五千元以上五万元以下罚款。

关键信息基础设施的运营者不履行本法第三十三条、第三十四条、第三十六条、第三十八条规定的网络安全保护义务的,由有关主管部门责令改正,给予警告;拒不改正或者导致危害网络安全等后果的,处十万元以上一百万元以下罚款，对直接负责的主管人员处一万元以上十万元以下罚款。

**第六十条** 违反本法第二十二条第一款、第二款和第四十八条第一款规定，有下列行为之一的，由有关主管部门责令改正，给予警告；拒不改正或者导致危害网络安全等后果的，处五万元以上五十万元以下罚款，对直接负责的主管人员处一万元以上十万元以下罚款：

（一）设置恶意程序的；

（二）对其产品、服务存在的安全缺陷、漏洞等风险未立即采取补救措施，或者未按照规定及时告知用户并向有关主管部门报告的；

（三）擅自终止为其产品、服务提供安全维护的。

**第六十一条** 网络运营者违反本法第二十四条第一款规定，未要求用户提供真实身份信息，或者对不提供真实身份信息的用户提供相关服务的，由有关主管部门责令改正；拒不改正或者情节严重的，处五万元以上五十万元以下罚款，并可以由有关主管部门责令暂停相关业务、停业整顿、关闭网站、吊销相关业务许可证或者吊销营业执照，对直接负责的主管人员和其他直接责任人员处一万元以上十万元以下罚款。

**第六十二条** 违反本法第二十六条规定，开展网络安全认证、检测、风险评估等活动，或者向社会发布系统漏洞、计算机病毒、网络攻击、网络侵入等网络安全信息的，由有关主管部门责令改正，给予警告；拒不改正或者情节严重的，处一万元以上十万元以下罚款，并可以由有关主管部门责令暂停相关业务、停业整顿、关闭网站、吊销相关业务许可证或者吊销营业执照，对直接负责的主管人员和其他直接责任人员处五千元以上五万元以下罚款。

**第六十三条** 违反本法第二十七条规定，从事危害网络安全的活动，或者提供专门用于从事危害网络安全活动的程序、工具，或者为他人从事危害网络安全的活动提供技术支持、广告推广、支付结算等帮助，尚不构成犯罪的，由公安机关没收违法所得，处五日以下拘留，可以并处五万元以上五十万元以下罚款;情节较重的,处五日以上十五日以下拘留,可以并处十万元以上一百万元以下罚款。

单位有前款行为的,由公安机关没收违法所得,处十万元以上一百万元以下罚款,并对直接负责的主管人员和其他直接责任人员依照前款规定处罚。

违反本法第二十七条规定,受到治安管理处罚的人员,五年内不得从事网络安全管理和网络运营关键岗位的工作;受到刑事处罚的人员,终身不得从事网络安全管理和网络运营关键岗位的工作。

**第六十四条** 网络运营者、网络产品或者服务的提供者违反本法第二十二条第三款、第四十一条至第四十三条规定,侵害个人信息依法得到保护的权利的,由有关主管部门责令改正,可以根据情节单处或者并处警告、没收违法所得、处违法所得一倍以上十倍以下罚款,没有违法所得的,处一百万元以下罚款,对直接负责的主管人员和其他直接责任人员处一万元以上十万元以下罚款;情节严重的,并可以责令暂停相关业务、停业整顿、关闭网站、吊销相关业务许可证或者吊销营业执照。

违反本法第四十四条规定,窃取或者以其他非法方式获取、非法出售或者非法向他人提供个人信息,尚不构成犯罪的,由公安机关没收违法所得,并处违法所得一倍以上十倍以下罚款,没有违法所得的,处一百万元以下罚款。

**第六十五条** 关键信息基础设施的运营者违反本法第三十五条规定,使用未经安全审查或者安全审查未通过的网络产品或者服务的,由有关主管部门责令停止使用,处采购金额一倍以上十倍以下罚款;对直接负责的主管人员和其他直接责任人员处一万元以上十万元以下罚款。

**第六十六条** 关键信息基础设施的运营者违反本法第三十七条规定,在境外存储网络数据,或者向境外提供网络数据的,由有关主管部门责令改正，给予警告，没收违法所得，处五万元以上五十万元以下罚款，并可以责令暂停相关业务、停业整顿、关闭网站、吊销相关业务许可证或者吊销营业执照；对直接负责的主管人员和其他直接责任人员处一万元以上十万元以下罚款。

**第六十七条** 违反本法第四十六条规定，设立用于实施违法犯罪活动的网站、通讯群组，或者利用网络发布涉及实施违法犯罪活动的信息，尚不构成犯罪的，由公安机关处五日以下拘留，可以并处一万元以上十万元以下罚款；情节较重的，处五日以上十五日以下拘留，可以并处五万元以上五十万元以下罚款。关闭用于实施违法犯罪活动的网站、通讯群组。

单位有前款行为的，由公安机关处十万元以上五十万元以下罚款，并对直接负责的主管人员和其他直接责任人员依照前款规定处罚。

**第六十八条** 网络运营者违反本法第四十七条规定，对法律、行政法规禁止发布或者传输的信息未停止传输、采取消除等处置措施、保存有关记录的，由有关主管部门责令改正，给予警告，没收违法所得；拒不改正或者情节严重的，处十万元以上五十万元以下罚款，并可以责令暂停相关业务、停业整顿、关闭网站、吊销相关业务许可证或者吊销营业执照，对直接负责的主管人员和其他直接责任人员处一万元以上十万元以下罚款。

电子信息发送服务提供者、应用软件下载服务提供者，不履行本法第四十八条第二款规定的安全管理义务的，依照前款规定处罚。

**第六十九条** 网络运营者违反本法规定，有下列行为之一的，由有关主管部门责令改正；拒不改正或者情节严重的，处五万元以上五十万元以下罚款，对直接负责的主管人员和其他直接责任人员，处一万元以上十万元以下罚款：

（一）不按照有关部门的要求对法律、行政法规禁止发布或者传输的信息，采取停止传输、消除等处置措施的；

(二)拒绝、阻碍有关部门依法实施的监督检查的;

(三)拒不向公安机关、国家安全机关提供技术支持和协助的。

**第七十条** 发布或者传输本法第十二条第二款和其他法律、行政法规禁止发布或者传输的信息的,依照有关法律、行政法规的规定处罚。

**第七十一条** 有本法规定的违法行为的,依照有关法律、行政法规的规定记入信用档案,并予以公示。

**第七十二条** 国家机关政务网络的运营者不履行本法规定的网络安全保护义务的,由其上级机关或者有关机关责令改正;对直接负责的主管人员和其他直接责任人员依法给予处分。

**第七十三条** 网信部门和有关部门违反本法第三十条规定,将在履行网络安全保护职责中获取的信息用于其他用途的,对直接负责的主管人员和其他直接责任人员依法给予处分。

网信部门和有关部门的工作人员玩忽职守、滥用职权、徇私舞弊,尚不构成犯罪的,依法给予处分。

**第七十四条** 违反本法规定,给他人造成损害的,依法承担民事责任。

违反本法规定,构成违反治安管理行为的,依法给予治安管理处罚;构成犯罪的,依法追究刑事责任。

**第七十五条** 境外的机构、组织、个人从事攻击、侵入、干扰、破坏等危害中华人民共和国的关键信息基础设施的活动,造成严重后果的,依法追究法律责任;国务院公安部门和有关部门并可以决定对该机构、组织、个人采取冻结财产或者其他必要的制裁措施。

## 第七章　附　　则

**第七十六条** 本法下列用语的含义:

(一)网络,是指由计算机或者其他信息终端及相关设备组成的按照一定的规则和程序对信息进行收集、存储、传输、交换、处理的系统。

（二）网络安全，是指通过采取必要措施，防范对网络的攻击、侵入、干扰、破坏和非法使用以及意外事故，使网络处于稳定可靠运行的状态，以及保障网络数据的完整性、保密性、可用性的能力。

（三）网络运营者，是指网络的所有者、管理者和网络服务提供者。

（四）网络数据，是指通过网络收集、存储、传输、处理和产生的各种电子数据。

（五）个人信息，是指以电子或者其他方式记录的能够单独或者与其他信息结合识别自然人个人身份的各种信息，包括但不限于自然人的姓名、出生日期、身份证件号码、个人生物识别信息、住址、电话号码等。

**第七十七条** 存储、处理涉及国家秘密信息的网络的运行安全保护，除应当遵守本法外，还应当遵守保密法律、行政法规的规定。

**第七十八条** 军事网络的安全保护，由中央军事委员会另行规定。

**第七十九条** 本法自2017年6月1日起施行。

## 4. 中华人民共和国民法典（节录）

（2020年5月28日第十三届全国人民代表大会第三次会议通过 中华人民共和国主席令第45号 2020年5月28日公布 自2021年1月1日起施行）

……

**第一百一十一条** 自然人的个人信息受法律保护。任何组织或者个人需要获取他人个人信息的，应当依法取得并确保信息安全，不得非法收集、使用、加工、传输他人个人信息，不得非法买卖、提供或者公开他人个人信息。

**第一百二十七条** 法律对数据、网络虚拟财产的保护有规定的，依照其规定。

**第一千零三十四条** 自然人的个人信息受法律保护。

个人信息是以电子或者其他方式记录的能够单独或者与其他信息结合识别特定自然人的各种信息,包括自然人的姓名、出生日期、身份证件号码、生物识别信息、住址、电话号码、电子邮箱、健康信息、行踪信息等。

个人信息中的私密信息,适用有关隐私权的规定;没有规定的,适用有关个人信息保护的规定。

**第一千零三十五条** 处理个人信息的,应当遵循合法、正当、必要原则,不得过度处理,并符合下列条件:

(一)征得该自然人或者其监护人同意,但是法律、行政法规另有规定的除外;

(二)公开处理信息的规则;

(三)明示处理信息的目的、方式和范围;

(四)不违反法律、行政法规的规定和双方的约定。

个人信息的处理包括个人信息的收集、存储、使用、加工、传输、提供、公开等。

**第一千零三十六条** 处理个人信息,有下列情形之一的,行为人不承担民事责任:

(一)在该自然人或者其监护人同意的范围内合理实施的行为;

(二)合理处理该自然人自行公开的或者其他已经合法公开的信息,但是该自然人明确拒绝或者处理该信息侵害其重大利益的除外;

(三)为维护公共利益或者该自然人合法权益,合理实施的其他行为。

**第一千零三十七条** 自然人可以依法向信息处理者查阅或者复制其个人信息;发现信息有错误的,有权提出异议并请求及时采取更正等必要措施。

自然人发现信息处理者违反法律、行政法规的规定或者双方的约定处理其个人信息的，有权请求信息处理者及时删除。

**第一千零三十八条** 信息处理者不得泄露或者篡改其收集、存储的个人信息；未经自然人同意，不得向他人非法提供其个人信息，但是经过加工无法识别特定个人且不能复原的除外。

信息处理者应当采取技术措施和其他必要措施，确保其收集、存储的个人信息安全，防止信息泄露、篡改、丢失；发生或者可能发生个人信息泄露、篡改、丢失的，应当及时采取补救措施，按照规定告知自然人并向有关主管部门报告。

**第一千零三十九条** 国家机关、承担行政职能的法定机构及其工作人员对于履行职责过程中知悉的自然人的隐私和个人信息，应当予以保密，不得泄露或者向他人非法提供。

**第一千二百二十六条** 医疗机构及其医务人员应当对患者的隐私和个人信息保密。泄露患者的隐私和个人信息，或者未经患者同意公开其病历资料的，应当承担侵权责任。

## 5. 中共中央办公厅、国务院办公厅印发《关于进一步完善医疗卫生服务体系的意见》

（2023 年 3 月 23 日）

近日，中共中央办公厅、国务院办公厅印发了《关于进一步完善医疗卫生服务体系的意见》，并发出通知，要求各地区各部门结合实际认真贯彻落实。

《关于进一步完善医疗卫生服务体系的意见》全文如下。

为深入贯彻党中央关于实施健康中国战略的决策部署，推动全面建立中国特色优质高效的医疗卫生服务体系,为人民群众提供全方位全周期健康服务,现提出如下意见。

**一、总体要求**

(一)指导思想。以习近平新时代中国特色社会主义思想为指导,深入贯彻党的二十大精神,把保障人民健康放在优先发展的战略位置,贯彻新时代党的卫生与健康工作方针,总结新冠疫情防控经验,坚持以人民健康为中心,坚持预防为主,坚持医疗卫生事业公益性,推动医疗卫生发展方式转向更加注重内涵式发展、服务模式转向更加注重系统连续、管理手段转向更加注重科学化治理,促进优质医疗资源扩容和区域均衡布局,建设中国特色优质高效的医疗卫生服务体系,不断增强人民群众获得感、幸福感、安全感。

(二)工作目标。到2025年,医疗卫生服务体系进一步健全,资源配置和服务均衡性逐步提高,重大疾病防控、救治和应急处置能力明显增强,中西医发展更加协调,有序就医和诊疗体系建设取得积极成效。到2035年,形成与基本实现社会主义现代化相适应,体系完整、分工明确、功能互补、连续协同、运行高效、富有韧性的整合型医疗卫生服务体系,医疗卫生服务公平性、可及性和优质服务供给能力明显增强,促进人民群众健康水平显著提升。

**二、优化资源配置,加强人才队伍建设,推进能力现代化**

(一)提升卫生健康人才能力。发展壮大医疗卫生队伍,把工作重点放在农村和社区。加大基层、边远地区和紧缺专业人才培养扶持力度,缩小城乡、地区、专业之间人才配置差距。推进农村卫生人才定向培养,落实执业医师服务基层制度,鼓励医师到基层、边远地区、医疗资源稀缺地区和其他有需求的医疗机构多点执业。激励乡村医生参加学历教育、考取执业(助理)医师资格,推进助理全科医生培训。加强公共卫生、全科、儿科、重症医学、呼吸、精神科、传染病、老年医学等领域急需紧缺专业人才培养培训,完善公共卫生与临床医学复合型人才培养机制。继续加强全科专业住院医师规范化培训,实施全科医生转岗培训,扩大全科医生队伍。加强医教协同,落实毕业后教育和继续教育,完善住院医师规范化培训制度。实施医学高层次人才计划,培养一批领军人才。实施中医药特色人才培养工程。

(二)提高公共卫生服务能力。健全公共卫生体系,加强专业公共卫生机构和医院、基层医疗卫生机构的公共卫生科室标准化建设。完善各类专业公共卫生机构人员配备标准,加强疾病预防控制能力和队伍建设。构建资源联动、统一质控、信息共享的公共卫生实验室检测网络,提升检验检测能力。健全监测预警体系,提高重大疫情早发现能力。加强重大疫情防控救治体系和应急能力建设,建立健全分级、分层、分流的重大疫情救治机制。完善公共卫生应急管理体系,分级分类组建公共卫生应急队伍。制定医疗卫生机构公共卫生责任清单,明确各类医疗机构公共卫生人员岗位职责和配备要求,并纳入绩效考核内容。健全公共卫生医师制度,探索赋予公共卫生医师处方权。探索建立基层军医到地方急救机构执业培训机制。

(三)强化城乡基层医疗卫生服务网底。加强乡镇卫生院和社区卫生服务中心规范化建设,发展社区医院,健全临床科室设置和设备配备。强化常见病多发病诊治、公共卫生、健康管理和中医药服务能力,提升传染病筛查、防治水平,加强重大慢性病健康管理,开展居民心理健康指导,增强乡镇卫生院二级及以下常规手术等医疗服务能力。根据人口分布情况,优化设置社区卫生服务站和村卫生室,建设中心村卫生室,对人口较少的村可通过巡回医疗、邻(联)村延伸服务、上级医疗卫生机构驻村服务等方式,方便群众看病就医。创新乡村医疗卫生人才使用机制,加强县域医疗卫生人才一体化配备和管理,有条件的地方可通过县管乡用和乡聘村用等方式,提高乡村医疗卫生岗位吸引力。

(四)突出县级医院县域龙头地位。加强县级医院(含中医医院,下同)

临床专科和管理能力建设,强化县级医院公共卫生服务职能。发展急诊科、妇产科、儿科、重症医学科、中医科、精神科、老年医学科、康复医学科、感染性疾病科等学科,提升肿瘤、心脑血管疾病等重大疾病诊疗能力,鼓励依托现有资源建立相关专科专病中心。统筹推进医疗人才组团式帮扶国家乡村振兴重点帮扶县医院工作。通过多种方式加强三级公立医院对口支援县级医院建设。

(五)推进医学医疗中心建设。依托高水平医院布局国家医学中心,按规划开展国家和省级区域医疗中心建设,提高医疗服务和重大传染病救治能力,带动全国和区域整体医疗服务水平提升。支持高水平医院建设疑难复杂专病及罕见病临床诊疗中心、人才培养基地和医学科技创新与转化平台,以满足重大疾病临床需求为导向加强临床专科建设,组建专科联盟和远程医疗协作网。鼓励各地在重大健康问题、重点临床学科、紧缺专业、健康产业发展等领域支持建设优秀创新团队。

(六)扩大康复和护理等接续性服务供给。通过支持医疗资源丰富的地区将部分公立医疗机构转型为护理院和康复医院、支持社会力量举办等方式,增加康复、护理等专科医疗机构数量,完善接续性服务体系,扩大康复医疗、老年护理、残疾人护理、母婴护理、社区护理、安宁疗护及营养支持等服务供给。规范社会办医发展。

**三、加强分工合作,促进分级诊疗,推进体系整合化**

(一)健全家庭医生制度。以基层医疗卫生机构为主要平台,建立以全科医生为主体、全科专科有效联动、医防有机融合的家庭医生签约服务模式,提供综合连续的公共卫生、基本医疗和健康管理服务。引导二级及以上医院全科医生作为家庭医生或加入基层家庭医生团队,在基层医疗卫生机构提供签约、诊疗等服务。完善签约服务筹资机制,有条件的地区可探索将签约居民的医保门诊统筹基金按人头支付给基层医疗卫生机构或家庭医生团队。健全签约服务收付费机制。落实签约居民在就医、转诊、用药、医保等方面的差异化政策,逐步形成家庭医生首诊、转诊和下转接诊的服务模式。

（二）推进城市医疗联合体建设。结合新型城镇化、人口老龄化发展趋势,合理布局各级各类医疗卫生机构,明确功能定位。在城市地区网格化布局由市级医院、区级医院、社区卫生服务机构、护理院、专业康复机构、安宁疗护机构等组成的医疗联合体。市级医院以业务合作、人才培养、技术支持等为纽带,加强与区级医院的分工协作,探索区级医院与社区卫生服务机构一体化管理等多种形式,形成以市带区、区社一体、多元化的发展模式,完善连续通畅的双向转诊服务路径。社会办医疗机构可牵头组建或参加医疗联合体。建立统一协调的医疗联合体管理体制,科学制定举办、运营、监管等各方权责清单。

（三）推进县域医共体建设。在农村地区以县域为单位发展医共体,由县级医院牵头,其他若干家县级医疗卫生机构及乡镇卫生院、社区卫生服务中心等为成员单位。推进紧密型县域医共体建设,实行县乡一体化管理,逐步实现行政、人事、财务、业务、用药目录、信息系统等统筹管理,建立责任、管理、服务、利益共同体。建立开放共享的影像、心电、病理诊断和医学检验等中心,推动基层检查、上级诊断和检查检验结果互认。加强医共体内部和医共体间床位、号源、设备的统筹使用。持续推进医疗卫生乡村一体化管理。完善以医共体为单位的绩效考核,从就医和诊疗秩序、医疗卫生服务能力、医疗卫生资源利用、医保基金使用效能等方面考核医共体整体绩效。

（四）加强防治结合。创新医防协同、医防融合机制。公立医疗机构设立公共卫生科等直接从事疾病预防控制工作的科室。全面推进医疗机构和专业公共卫生机构的深度协作,建立人才流动、交叉培训、服务融合、信息共享等机制。探索疾病预防控制专业人员参与医疗联合体工作,建立社区疾病预防控制片区责任制,完善网格化的基层疾病预防控制网络。以重点人群和重点疾病管理为主要内容,优化公共卫生服务,对孕产妇、婴幼儿、学生、职业人群和老年人等开展针对性的健康促进和预防保健服务。

(五)促进医养结合。合理布局养老机构与综合医院老年医学科、护理院、康复疗养机构、安宁疗护机构等,推进形成资源共享、机制衔接、功能优化的老年人健康服务网络。建立健全医疗卫生机构与养老机构业务协作机制,积极开通养老机构与医疗机构的预约就诊、急诊急救绿色通道,提升养老机构举办的医疗机构开展医疗服务和药事管理能力,协同做好老年人慢性病管理、康复和护理服务。推动基层医疗卫生机构支持老年人医疗照护、家庭病床、居家护理等服务。

(六)发挥中医药重要作用。支持中医药传承创新发展,加强中医药服务体系建设,发挥中医药在治未病、重大疾病治疗和康复、传染病防治和卫生应急等方面的重要作用。建立中医传染病临床救治和科研体系,依托高水平中医医院建设国家中医疫病防治基地,打造中医药疫病防治和紧急医学救援队伍。完善中西医会诊制度,深入开展重大疑难疾病中西医临床协作。实施中医药康复服务能力提升工程。支持有条件的中医医院牵头建设医疗联合体,加强基层医疗卫生机构中医馆建设。坚持古为今用、守正创新,坚定文化自信,推动中医药健康养生文化创造性转化、创新性发展。

**四、提高服务质量,改善服务体验,推进服务优质化**

(一)保障医疗服务质量安全。建立高水平医疗质量管理与控制体系,健全覆盖主要专业的国家、省、市三级医疗质量控制组织。完善医疗质量安全管理制度和规范,严格落实医疗质量安全核心制度。完善医疗服务行为规范,提升医疗服务标准化、规范化水平。医疗机构建立健全全员参与、覆盖临床服务全过程的质量管理与控制工作制度,全面实施临床路径管理。完善以结果为导向的服务质量数据系统评估、反馈和激励机制。探索建立医疗服务点评制度。提高药品供应保障和药学服务水平。

（二）提高医疗卫生技术水平。加强临床医学、公共卫生和医药器械研发体系与能力建设，发展组学技术、干细胞与再生医学、新型疫苗、生物治疗、精准医学等医学前沿技术。加快卫生健康科技创新体系建设，突出医疗卫生机构创新资源聚集平台的作用，依托高水平医疗机构建设国家临床医学研究中心。坚持临床研究和临床救治协同，强化科研攻关在重大公共卫生事件应对中的重要支撑作用，推进重大传染病、重大疾病等相关疫苗、检测技术、新药创制等领域科研攻关。努力突破技术装备瓶颈，加快补齐高端医疗装备短板。

（三）促进服务连续性。完善分级诊疗技术标准和工作机制。鼓励医疗机构开展服务协调工作，指导协助患者转诊。健全多学科联合诊疗和查房制度。建立胸痛、卒中、危重孕产妇、危重新生儿和儿童、创伤等重大急性病救治中心，提供救治绿色通道和一体化服务。探索基层医疗卫生机构与上级医疗机构设立慢性病联合门诊，开展常见慢性病治疗、预防和康复。

（四）提升服务便捷性。积极运用互联网、人工智能等技术，持续优化服务流程。建设智慧医院，推行分时段预约诊疗和检查检验集中预约服务，推广诊间结算、移动支付、线上查询、药物配送等服务。整合打通相关线上服务终端。推进居民电子健康档案应用，完善授权调阅和开放服务渠道及交互方式。逐步拓展日间医疗服务，扩大远程医疗覆盖范围。积极推进新生儿相关证件多证联办。大力推动免疫规划等公共卫生服务便捷化。优化跨省异地就医直接结算服务。

（五）增强服务舒适性。改善就诊环境，优化设施布局，加快老年友善医疗机构建设。支持为行动不便的老年人、失能和半失能人员、重度残疾人等提供上门服务。强化医务人员服务意识，加强医患沟通，促进人文关怀，保护患者隐私。落实优质护理要求，持续加强临床心理、麻醉镇痛、用药指导、营养指导等服务。健全医务社工和志愿者服务制度。充分发挥人民调解主渠道作用,健全化解医疗纠纷的长效机制,构建和谐医患关系。

**五、加强科学管理,压实责任,推进管理精细化**

(一)健全现代医院管理制度。坚持和加强党对医院工作的全面领导,认真落实党委领导下的院长负责制,健全公立医院议事决策制度,构建党委统一领导、党政分工合作、协调运行的工作机制。健全维护公益性、调动积极性、保障可持续的公立医院运行新机制。实行全面预算绩效管理。全面开展公立医院绩效考核,完善以公益性为导向、以健康产出和服务质量为主的绩效考核体系,增加分级诊疗相关指标的权重,按照管理层级和机构类型分级分类实施考核评价。按照权责一致原则,进一步理顺高等学校附属医院管理体制机制。

(二)完善专业公共卫生机构管理。推进公共卫生服务体系改革,优化完善疾病预防控制机构职能设置,规范面向社会提供的公共卫生技术服务。选优配强领导班子,实行岗位分级分类管理,提高专业技术人才比例。严格执行技术规范,强化质量控制、风险防范和绩效考核。

(三)加强基层医疗卫生机构管理。完善基层医疗卫生机构能力标准,进一步明确资源配置、服务能力和管理制度建设要求。建立健全符合基层功能定位和服务特点的评价评审体系。加强基层医疗质量管理,将其纳入国家医疗质量管理与控制体系。强化绩效考核,将服务质量数量、运行效率、患者满意度等作为主要考核内容,强化考核结果共享和运用。

**六、深化体制机制改革,提升动力,推进治理科学化**

(一)完善政府投入机制。建立稳定的公共卫生事业投入机制,落实政府对专业公共卫生机构和基本公共卫生服务经费的投入保障责任,落实医疗机构承担公共卫生服务任务的经费保障政策。强化区域卫生规划和医疗机构设置规划在医疗卫生资源配置方面的规范作用。按规定落实政府对符合区域卫生规划的公立医院投入政策,加大对中医医院和基层医疗卫生机构的投入倾斜力度。建立持续稳定的中医药发展多元投入机制。

(二)健全服务购买机制。深化医疗服务价格改革,建立分类管理、医院参与、科学确定、动态调整的医疗服务价格机制。完善“互联网+”医疗服务、上门提供医疗服务等收费政策。推进医保支付方式改革,完善多元复合式医保支付方式。健全符合中医药特点的医保支付方式。探索对紧密型医疗联合体实行总额付费,加强监督考核,实行结余留用、合理超支分担。逐步提高基层医疗卫生机构提供的服务在医疗服务总量和医保基金支付中的占比。建立长期护理保险制度。积极发展商业健康保险。

(三)完善编制和人事制度。合理制定并落实公立医疗卫生机构人员编制标准,建立动态核增机制。推动医疗联合体内公立医疗卫生机构编制分别核定、统筹使用,人员统一招聘和管理。改革公立医院岗位管理制度,优化基层医务人员招聘标准和程序。深化卫生专业技术人员职称制度改革,以品德能力业绩为导向,科学设置评价标准,把医德医风放在人才评价首位。

(四)深化薪酬制度改革。落实“允许医疗卫生机构突破现行事业单位工资调控水平,允许医疗服务收入扣除成本并按规定提取各项基金后主要用于人员奖励”要求,建立健全适应医疗卫生行业特点的薪酬制度。全面深化公立医院薪酬制度改革。合理核定专业公共卫生机构绩效工资总量和水平,切实保障公共卫生医师待遇。医疗机构公共卫生科室人员收入不低于所在医疗机构人员平均工资水平,探索建立相应津贴补贴制度。落实基层医疗卫生机构绩效工资政策,合理核定基层医疗卫生机构绩效工资总量和水平。落实基层符合条件的高层次人才工资分配激励政策。落实乡村医生待遇,做好乡村医生社会保障工作。

(五)发挥信息技术支撑作用。发展“互联网+医疗健康”,建设面向医疗领域的工业互联网平台，加快推进互联网、区块链、物联网、人工智能、云计算、大数据等在医疗卫生领域中的应用，加强健康医疗大数据共享交换与保障体系建设。建立跨部门、跨机构公共卫生数据共享调度机制和智慧化预警多点触发机制。推进医疗联合体内信息系统统一运营和互联互通，加强数字化管理。加快健康医疗数据安全体系建设，强化数据安全监测和预警，提高医疗卫生机构数据安全防护能力，加强对重要信息的保护。

（六）加强综合监管。健全多元化综合监管体系，创新监管方式，重点加强服务要素准入、质量和安全、公共卫生、机构运行、从业人员、服务行为、医疗费用、行业秩序和健康产业监管。建立健全医疗卫生行业行风建设工作体系，开展廉洁从业专项行动，加大监督检查、执纪执法力度，维护公立医疗卫生机构公益性，依法规范社会办医疗机构执业行为。加强法治建设，推进相关领域法律法规制定和修订工作。健全依法联合惩戒体系，强化责任追究和联动问责。

**七、组织实施**

（一）加强组织领导。坚持和加强党的全面领导，强化地方各级党委对医疗卫生服务体系改革发展的领导责任。各省（自治区、直辖市）政府要高度重视建设优质高效医疗卫生服务体系，将其列入政府工作目标和考核目标，制定具体实施方案，落实各项任务，因地制宜加强体制机制创新。

（二）细化配套措施。各相关部门要认真履行职责，协同推进医疗卫生服务体系建设工作，及时制定出台配套政策，加强协作配合，形成工作合力。以区域为单位、以整体绩效为重点，建立医疗卫生服务体系监测评价机制。

（三）加强宣传引导。围绕改革目标和重点任务，积极宣传工作进展和成效，做好政策解读和相关培训，及时总结推广地方好的做法和经验，主动回应社会关切，为医疗卫生服务体系改革发展营造良好社会环境。

## 二、行政法规、部门规章、部门规范性文件列表

| 分类 | 名称 | 文号 | 实施时间 |
| --- | --- | --- | --- |
| 行政法规 | 关键信息基础设施安全保护条例 | 中华人民共和国国务院令第745号 | 2021年9月1日 |
| | 医疗机构管理条例 | 中华人民共和国国务院令第752号 | 2022年5月1日 |
| | 医疗器械监督管理条例 | 中华人民共和国国务院令第739号 | 2021年6月1日 |
| | 中华人民共和国人类遗传资源管理条例 | 中华人民共和国国务院令第717号 | 2019年7月1日 |
| | 医疗纠纷预防和处理条例 | 中华人民共和国国务院令第701号 | 2018年10月1日 |
| | 关键信息基础设施安全保护条例 | 中华人民共和国国务院令第745号 | 2021年9月1日 |
| | 中华人民共和国药品管理法实施条例 | 中华人民共和国国务院令第709号 | 2019年3月2日 |
| | 中华人民共和国电信条例 | 中华人民共和国国务院令第666号 | 2016年2月6日 |
| | 互联网信息服务管理办法 | 中华人民共和国国务院令第588号 | 2011年1月8日 |

续表

| 分类 | 名称 | 文号 | 实施时间 |
|---|---|---|---|
| | 中华人民共和国计算机信息系统安全保护条例 | 中华人民共和国国务院令第588号 | 2011年1月8日 |
| 部门规章 | 数据出境安全评估办法 | 国家互联网信息办公室令第11号 | 2022年9月1日 |
| | 个人信息出境标准合同办法 | 国家互联网信息办公室令第13号 | 2023年6月1日 |
| | 儿童个人信息网络保护规定 | 国家互联网信息办公室令第4号 | 2019年10月1日 |
| | 网络信息内容生态治理规定 | 国家互联网信息办公室令第5号 | 2020年3月1日 |
| | 网络安全审查办法 | 国家互联网信息办公室、中华人民共和国国家发展和改革委员会、中华人民共和国工业和信息化部、中华人民共和国公安部、中华人民共和国国家安全部、中华人民共和国财政部、中华人民共和国商务部、中国人民银行、国家市场监督管理总局、国家广播电视总局、中国证券监督管理委员会、国家保密局、国家密码管理局令第8号 | 2022年2月15日 |
| | 电信和互联网用户个人信息保护规定 | 中华人民共和国工业和信息化部令第24号 | 2013年9月1日 |

续表

| 分类 | 名称 | 文号 | 实施时间 |
|---|---|---|---|
| | 规范互联网信息服务市场秩序若干规定 | 中华人民共和国工业和信息化部令第20号 | 2012年3月15日 |
| | 药品网络销售监督管理办法 | 国家市场监督管理总局令第58号 | 2022年12月1日 |
| | 医疗器械经营监督管理办法 | 国家市场监督管理总局令第54号 | 2022年5月1日 |
| | 药品注册管理办法 | 国家市场监督管理总局令第27号 | 2020年7月1日 |
| | 药品生产监督管理办法 | 国家市场监督管理总局令第28号 | 2020年7月1日 |
| 国务院规范性文件 | 国务院办公厅关于促进“互联网+医疗健康”发展的意见 | 国办发〔2018〕26号 | 2018年4月25日 |
| | 国务院办公厅关于促进和规范健康医疗大数据应用发展的指导意见 | 国办发〔2016〕47号 | 2016年6月21日 |
| | 国务院关于促进健康服务业发展的若干意见 | 国发〔2013〕40号 | 2013年9月28日 |

续表

| 分类 | 名称 | 文号 | 实施时间 |
| --- | --- | --- | --- |
| 部门规范性文件 | 国家药监局关于发布《药品记录与数据管理要求（试行）》的公告 | 国家药品监督管理局公告 2020 年第 74 号 | 2020 年 12 月 1 日 |
| | 国家医疗保障局关于印发《加强网络安全和数据保护工作指导意见》的通知 | 医保发〔2021〕23 号 | 2021 年 4 月 6 日 |
| | 国家卫生健康委办公厅关于印发电子病历系统应用水平分级评价管理办法（试行）及评价标准（试行）的通知 | 国卫办医函〔2018〕1079 号 | 2018 年 12 月 3 日 |
| | 国家健康卫生委员会关于进一步推进以电子病历为核心的医疗机构信息化建设工作的通知 | 国卫办医发〔2018〕20 号 | 2018 年 8 月 22 日 |
| | 关于印发《国家健康医疗大数据标准、安全和服务管理办法（试行）》的通知 | 国卫规划发〔2018〕23 号 | 2018 年 7 月 12 日 |
| | 国家药监局关于印发《药品监管网络安全与信息化建设“十四五”规划》的通知 | 国药监综〔2022〕23 号 | 2022 年 4 月 24 日 |
| | 关于深入推进“互联网＋医疗健康”“五个一”服务行动的通知 | 国卫规划发〔2020〕22 号 | 2020 年 12 月 4 日 |

续表

| 分类 | 名称 | 文号 | 实施时间 |
|---|---|---|---|
| | 药物临床试验质量管理规范 | 国家药监局、国家卫生健康委公告2020年第57号 | 2020年7月1日 |
| | 关于做好公立医疗机构“互联网+医疗服务”项目技术规范及财务管理工作的通知 | 国卫财务函〔2020〕202号 | 2020年5月8日 |
| | 全国公共卫生信息化建设标准与规范(试行) | 国卫办规划发〔2020〕21号 | 2020年12月1日 |
| | 关于印发《互联网诊疗监管细则(试行)》的通知 | 国卫办医发〔2022〕2号 | 2022年2月8日 |
| | 远程医疗服务管理规范(试行) | 国卫医发〔2018〕25号 | 2018年7月17日 |
| | 关于印发《医疗卫生机构网络安全管理办法》的通知 | 国卫规划发〔2022〕29号 | 2022年8月8日 |
| | 关于发布药物临床试验质量管理规范的公告 | 国家药监局、中华人民共和国国家卫生健康委公告2020年第57号 | 2020年7月1日 |
| | 关于印发《新冠肺炎疫情社区防控工作信息化建设和应用指引》的通知 | 民办发〔2020〕5号 | 2020年3月2日 |
| | 关于印发《常见类型移动互联网应用程序必要个人信息范围规定》的通知 | 国信办秘字〔2021〕14号 | 2021年5月1日 |

续表

| 分类 | 名称 | 文号 | 实施时间 |
| --- | --- | --- | --- |
| 部门工作文件 | 关于印发《App违法违规收集使用个人信息行为认定方法》的通知 | 国信办秘字〔2019〕191号 | 2019年11月28日 |
| | 关于印发《移动智能终端应用软件预置和分发管理暂行规定》的通知 | 工信部信管〔2016〕407号 | 2017年7月1日 |
| | 关于开展纵深推进APP侵害用户权益专项整治行动的通知 | 工信部信管函〔2020〕164号 | 2020年7月22日 |
| | 关于进一步抓好互联网应用适老化及无障碍改造专项行动实施工作的通知 | 工信厅信管函〔2021〕67号 | 2021年4月6日 |

## 三、地方性法规列表

| 地区 | 名称 | 发布单位 | 时间 |
| --- | --- | --- | --- |
| 四川省 | 四川省医疗机构管理条例（2022修订） | 四川省人大（含常委会） | 2023年3月1日 |
| 重庆市 | 重庆市医疗机构管理条例 | 重庆市人大（含常委会） | 2022年11月1日 |
| 云南省 | 云南省医疗机构管理条例 | 云南省人大（含常委会） | 2014年1月1日 |